敬 启

尊敬的各位读者：

感谢您多年来对中国政法大学出版社的支持与厚爱，

我们将定期举办答谢读者回馈活动，详情请登录我社网站

或拨打咨询热线：

www.cuplpress.com

010-58908302

期待各位读者与我们联系。

全国普通高等教育高职高专法律类规划教材

劳教人员习艺劳动

全国高职高专教育法律类专业教学指导委员会 审定

主　编 ◎ 周雨臣

副主编 ◎ 柏建国

撰稿人 ◎（以撰写章节先后为序）

周雨臣　曹东燕　柏建国

汪宗亮　钱章喜

中国政法大学出版社

出 版 说 明

　　世纪之交，我国高等职业教育进入了一个以内涵发展为主要特征的新的发展时期。高等法律职业教育作为高等职业教育的重要组成部分，也经历了一个从无到有，从小到大，从弱到强，不断探索，不断创新，不断发展的过程。

　　1995 年 5 月，司法部在上海召开法律职业教育会议，提出根据法律职业岗位要求合理调整办学层次，积极发展法律高等职业教育，组织并完成了"法律高等职业教育可行性研究"报告。1997 年司法部原法学教育司再次就开展法律高等职业教育组织调研论证，并于 1998 年 6 月在有关政法院校开展了"教育思想观念大讨论"活动，不断探索和推动法律高等职业教育的兴起。1999 年 1 月，随着教育部和国家发展计划委员会《试行按新的管理模式和运行机制举办高等职业技术教育的实施意见》的颁布，各地成人政法院校纷纷开展高等法律职业教育。随后，全国大部分司法警官学校，或单独升格，或与司法学校、政法管理干部学院等院校合并组建法律类高等职业院校举办高等法律职业教育；一些普通本科院校、非法律类高等职业院校也纷纷开设高职法律类专业，高等法律职业教育蓬勃兴起。2004 年 10 月，教育部颁布《普通高等学校高职高专教育指导性专业目录（试行）》，将法律类专业作为一大独立的专业门类，正式确立了高等法律职业教育在我国高等职业教育中的重要地位。2005 年 12 月，受教育部委托，司法部组建了全国高职高专教育法律类专业教学指导委员会，积极指导并大力推进高等法律职业教育的发展。

　　截至 2007 年 11 月，全国开设高职高专法律类专业的院校有 400 多所，2008 年全国各类高校共上报目录内法律类专业点数达到 700 多个。为了进一步推动和深化高等法律职业教育教学的改革，促进我国高等法律职业教育的类型转型、质量提升和协调发展，全国高职高专教育法律类专业教学指导委员会于 2007 年 10 月，启动了高等法律职业教育规划教材编写工作，现已有部分教材经审定即将出版。该批教材积极响应各专业人才培养模式改革要求，紧密联系课程教学模式改革需要，以工作过程为导向，对课程教学内容进行了整合，并重新设计相关学习情境、安排相应教学进程，突出培养学生一线职业岗位所必需的职业能力及相关职业技能，体现高职教育职业性、实践性和开放性要求。教材的编写力求吸收高职教育课程开发理论研究新成果和一线实务部门工作新经验，各门教材编写组都按要求邀请相关行业实务专家、业务骨干参与共同编写，着力使本规划教材课程真正反映当前我国高职高专教育法律类专业人才培养模式及教学模式改革的新趋势，成为我国高等法律职业教育中的精品教材。

全国高职高专教育法律类专业教学指导委员会
2009 年 2 月

编 写 说 明

2008 年 1 月，全国高职高专教育法律类专业教学指导委员会在福州市召开教材审定会议，《劳教人员习艺劳动》被确定为第一批高等法律职业教育规划教材，也正是从那时开始，该教材的确立大纲和编写工作正式启动。

该教材摒弃了以往行政执行（劳教管理）专业在教材编写中倡导的学科本位的教学模式，转而以培养学生的职业能力和操作技能为根本出发点来设计教材体系。在内容架构上，本教材坚持从劳教人民警察组织劳教人员习艺劳动的岗位出发，推导出民警具体的职业能力，由职业能力分析出核心能力，再由核心能力构建出工作任务或学习情境。该教材分为基础理论篇和工作任务篇，在对待理论知识方面，我们坚持以"够用"为度；对于民警从事劳教人员习艺劳动管理所必需的基本理论，坚持在教材中必须得到体现，并要求学生必须予以掌握。在对待职业能力方面，我们坚持以民警组织习艺劳动的基本流程或整个过程为线索，设计出工作任务或工作情境，在每个工作任务（工作情境）中又从基本原理、工作流程、操作要领、问题协调、实训规程等方面进行内容安排。

该教材的编写团队由专业教师和行业专家共同组成。团队成员多次探讨和论证教材编写大纲，在编写中又三易其稿，反复修改，才最终使该教材得以与读者见面，其中的艰辛程度和所耗时日超过了以往作者所编写过的任何一本教材。本教材由周雨臣（浙江警官职业学院刑事司法系副主任、教授）担任主编，柏建国［浙江省十里坪劳教（戒毒）所政治部副主任］担任副主编。具体编写人员还有：钱章喜（浙江省宁波劳教所原教育科长、浙江警官职业学院特聘行业专家）、汪宗亮［浙江省十里坪劳教（戒毒）所纪委副书记］、曹东燕［浙江省十里坪劳教（戒毒）所企业综合管理办公室］同志。具体编写任务分工为：周雨臣（课程标准、第一至三章）；曹东燕（第四、七章）；柏建国（第五、六章）；汪宗亮（第八、九章）；钱章喜（第十章）。

该教材系我国行政执行（劳教管理）专业第一本采用警学结合模式的专业性教材，它既填补了行政执行专业开设《劳教人员习艺劳动》课程多年来没有专门公开出版教材的空白，也可作为全国劳教人民警察在职培训和业务自学的有益读物。

　　该教材在编写过程中，由于是一种全新模式的探索和构建，加之编写中可资借鉴的资料非常少，特别是由于编写人员的水平所限，书中的缺点和错误肯定在所难免，敬请广大读者批评指正、不吝赐教，以便再版时加以更正。

编　者

2009 年 6 月 1 日

课程标准

课程名称：《劳教人员习艺劳动》

适用专业：法津文秘专业

一、课程的性质和特点

《劳教人员习艺劳动》是高等警官职业院校行政执行（劳教管理）专业的一门必不可少的专业课，也是一门专门培养学生如何做好劳教人员习艺劳动工作的专业技能课。

《劳教人员习艺劳动》主要介绍如何对劳教人员科学地组织与实施习艺劳动的基本应用知识。它是研究如何通过科学有效的劳动组织管理，从而实现劳动对劳教人员的教育矫正功能的一门劳动教养应用理论课程。

二、课程的目的和要求

通过教学和训练，使学生系统地了解和掌握劳教人员习艺劳动的基本知识、基本方法和管理技巧，培养学生驾驭和管理劳教人员习艺劳动的能力，提高学生分析、研究和解决劳教人员习艺劳动中各种问题的水平，以适应新时期对劳教人员教育矫治的根本需要。

三、课程的分析和实施

（一）学习目标

通过学习该课程使学生掌握劳教人员习艺劳动的基本原理和基本技能、技巧，从而为从业后科学组织劳教人员习艺劳动工作奠定良好的基础。

（二）工作任务

工作任务包括：①出收工管理；②劳动现场管理；③劳动绩效考核管理；④安全生产管理；⑤劳动保护管理。

（三）职业能力

职业能力包括：①劳动现场组织管理能力；②安全生产管理能力；③劳动绩效考核管理能力。

（四）学习内容

学习内容包括：①劳教人员习艺劳动基本原理；②劳教人员习艺劳动组织管理；③劳教人员习艺劳动考核奖惩；④劳教人员习艺劳动保护；⑤劳教人员习艺劳动越轨行为控制；⑥劳教人员习艺劳动安全管理。

（五）能力（技能）考核项目与要求

考核项目包括：①带队出工；②习艺劳动的组织；③习艺劳动竞赛的开展；④原材料及劳动工具的管理；⑤带队收工。

考核要求包括：要求学生逐个模拟训练和操作，根据其实训情况分别由实训教师、实训小组综合评定成绩，总分为50分。其中带队出工、习艺劳动的组织、习艺劳动竞赛的开展、原材料及产品的管理及带队收工各占10分。

（六）教学场所

行政执行专业教室，劳动教养综合模拟实训场。

（七）师资配备

专业教师1名，行业专家1名。

四、课程开发的基本路径（以浙江警官职业学院示范建设课程开发路径为例）

表一：《劳教人员习艺劳动》课程内容体系构建一览表（范例）

总体思路：该课程坚持以劳教人民警察组织劳教人员习艺劳动的工作任务为载体设计学习情境，在此基础上分析该课程应有的知识、技能和态度，并运用理论教学、案例教学、情境教学、模拟教学、实训教学等手段进行授课。						
任务类型	学习情境设计					
	情境一：习艺劳动项目选择	情境二：习艺劳动组织管理	情境三：习艺劳动考核奖惩	情境四：习艺劳动保护	情境五：习艺劳动越轨行为控制	情境六：习艺劳动安全管理
步骤一：习艺劳动项目考查	知识	(1) 习艺劳动的性质与功能 (2) 习艺劳动的种类 (3) 习艺劳动项目选择方向				
	技能	(1) 习艺劳动项目洞察能力 (2) 习艺劳动项目辨识能力				
	态度	(1) 严格执法 (2) 认真考查				
	参考学时	1学时				

步骤二：习艺劳动项目论证	知识	(1) 习艺劳动项目选择原则 (2) 习艺劳动项目标准 (3) 习艺劳动项目选择的法律法规
	技能	(1) 项目信息分析能力 (2) 项目科学预测能力 (3) 项目综合评价能力
	态度	(1) 秉公执法 (2) 程序公开 (3) 公正民主 (4) 认真负责
	参考学时	2 学时
步骤三：习艺劳动项目决策	知识	(1) 项目决策的系统科学知识 (2) 项目决策的领导科学知识
	技能	(1) 项目判断能力 (2) 项目优选能力 (3) 项目预见能力
	态度	(1) 公正果断 (2) 智慧谋划 (3) 敢于担当
	参考学时	1 学时

表二：《劳教人员习艺劳动》课程教学模式改革思路及教学进程安排表（范例）

教学模式改革总体思路：根据本课程学习内容和岗位工作任务的特点，针对民警组织习艺劳动核心能力培养要求，进行理论教学、案例教学、情境教学、模拟教学、实训教学相结合的教学模式改革，引导学生积极思考，提升学生运用知识分析和解决实际问题的综合能力。

学习情境	工作任务	主要教学内容	教学方式	实训地点	师资配备	参考学时
情境一：习艺劳动项目选择	实现习艺劳动项目科学选择	(1) 习艺劳动项目的辨识 (2) 习艺劳动项目的决策 (3) 习艺劳动项目选择的组织论证	编制案例进行模拟训练	劳动教养综合模拟实训场	专业教师1名，行业教官1名	4

情境二：习艺劳动组织管理	组织劳教人员进行习艺劳动，并对习艺劳动进行有效管理	（1）岗前培训 （2）劳动定额确定 （3）劳动现场管理 （4）劳动分工与协作组织 （5）劳动竞赛组织与管理 （6）出收工组织与队列指挥	根据实际工作任务编制成模拟剧进行训练	劳动教养综合模拟实训场	专业教师1名，行业教官1名	8
情境三：习艺劳动考核奖惩	公平公正地组织开展习艺劳动奖惩	（1）习艺劳动考核组织与实施 （2）习艺劳动奖惩组织与实施	根据实际工作任务编制成模拟剧进行训练，并组织讨论	劳动教养综合模拟实训场	专业教师1名，行业教官1名	2
情境四：习艺劳动保护	高度树立人权意识，严肃认真做好习艺劳动保护工作	（1）劳教与强戒场所劳动保护现状分析 （2）劳教与强戒场所劳动保护的组织实施 （3）劳教与强戒人员劳动报酬的组织实施	根据成功与失败两方面的案例组织学生讨论和训练	劳动教养综合模拟实训场	专业教师1名，行业教官1名	8
情境五：习艺劳动越轨行为控制	对劳教人员习艺劳动中的越轨行为实现有效控制	（1）习艺劳动中破坏生产类（如故意浪费原材料、故意制造产品质量、故意破坏机器设备等）行为控制 （2）习艺劳动中破坏执法秩序类（如消极怠工、打架斗殴、自杀自残、脱逃等）行为控制	根据实际工作中的真实案例进行讨论和训练	劳动教养综合模拟实训场	专业教师1名，行业教官1名	4
情境六：习艺劳动安全管理	采取各种措施，实现习艺劳动的安全管理	（1）习艺劳动安全防范责任制 （2）习艺劳动安全防范制度 （3）重大习艺劳动安全事故的防范	根据实际工作中的制度和发生的重大习艺劳动安全事故进行讨论研究，寻求对策并演练	劳动教养综合模拟实训场	专业教师1名，行业教官1名	4

表三：《劳教人员习艺劳动》课程其他建设内容一览表（范例）

建设项目	具体内容
教学方法和手段改革	该课程摒弃了传统单一理论讲授的教学模式，实施了理论讲授、案例教学、模拟教学、情境教学融为一体的多元性教学方法和手段改革，注重学生动手能力和实际操作技能的增强，并使学生全程在仿真的劳动教养综合模拟实训场和劳动教养专业教室学习和训练，对提高学生对实际工作的认识和适应能力有独到的作用
考核方式改革	该课程抛却了传统理论考试模式，实施了全新综合性考核方式，具体是：理论考核40分，采用试卷考核方式；平时成绩考核（包括考勤、回答问题、讨论发言情况、作业完成情况、训练主动性和表现等）占20分；实训考核40分（其中带队出收工、习艺劳动的组织、习艺劳动竞赛的开展、原材料及产品的放置各占10分），总计100分
教材建设	该课程按照警学结合要求，重新编写《劳教人员习艺劳动》试用教材，现教材已开展编写工作，由主讲教师和行业兼职教官共同开发课程标准、共同编写大纲、共同编写正式出版教材，该教材计划在2009年8月前出版
教学包	该课程的"教学包"由课程简介、课程标准、教材（讲义和公开出版教材）、教案、实训方案、考核方案、课件、案例库、参考资料等构成，计划在2010年8月前全部完成

表四：《劳教人员习艺劳动》课程标准制定基本思路表（范例）

基本思路	框架结构
《劳教人员习艺劳动》课程通过教学活动，努力使学生具备习艺劳动现场组织管理能力、习艺劳动考核奖惩能力、习艺劳动保护能力、习艺劳动安全管理能力；掌握习艺劳动项目选择、习艺劳动组织管理、习艺劳动考核奖惩、习艺劳动保护、习艺劳动安全管理的技巧与方法；养成忠于职守、严格执法、公平正义的职业操守。在行业专家参与下，探索"理论教学、案例教学、情境教学、模拟教学、实训教学"的课程教学模式和评价方式改革。在教材建设上，一改传统的教材章节体例，以工作任务和职业能力为载体进行单元设计，以突出实战为主，以讲授知识为辅。充分利用校内模拟实训中心、依托劳教所开展实训教学；利用真实工作任务开展模拟训练。考核评价方式坚持理论考核、平时考核与实训考核相结合，其中理论考核占40%，平时考核占20%，实训考核占40%	课程性质、学习目标、与前后课程的联系、学习内容与学时分配、学习情境设计说明、学习资源选用、教学组织、师资配备、学习场地及设施要求、考核标准与方式、教学评价等

表五：《劳教人员习艺劳动》课程课时安排（50学时）

章节	内容	课时
	绪论	1
第一章	劳教人员习艺劳动概述	4
第二章	劳教人员习艺劳动的功能和作用	4

第三章	劳教人员习艺劳动的本质与基本原则	4
第四章	劳教人员习艺劳动的条件	4
第五章	劳教人员习艺劳动的组织管理（上）	6
第六章	劳教人员习艺劳动的组织管理（下）	6
第七章	劳教人员习艺劳动教育	3
第八章	劳教人员习艺劳动中不良行为控制	4
第九章	劳教人员习艺劳动保护	6
第十章	劳教人员习艺劳动现场管理实训	8
合 计		50

目录CONTENTS

第一章 劳教人员习艺劳动概述

【案例介绍】

2006年7月27日，江西籍解教人员卢××解教不到1个月，就到××县××机械厂上班，并当上了技术骨干。他高兴地说，这要感谢宁波市劳动教养管理所的民警，在他劳动教养期间，他们教他学会了车工技能，才使其解教后能那么快找到工作，自食其力。

卢××，男，28岁，高中文化，江西籍人，2004年10月因盗窃罪错被劳动教养2年。投教后，他被分配在宁波市劳动教养管理所×大队×中队劳动教养。

×中队是一个以机械习艺劳动为主的劳动教养中队。

卢××的直接管教民警丁×，一直担任该中队的机械工程师。为提高该中队两台车床的技术性能，增加技术含量，两年前，丁工程师把家里的计算机搬进了车间，并自己动手绘画制图、设置程序，使线切割操作计算机化、程控化。

车床的技术性能提高了，但对操作它的劳动教养人员提出了更高的要求。为使劳动教养人员能尽快掌握线切割技能，丁工程师决心用师傅带徒弟的办法，耐心传授技能。

劳动教养人员卢××有幸被丁工程师选中，成了首名徒弟。

面对计算机和程控车床，卢××一筹莫展。

丁工程师手把手地教他。白天，丁工程师教他看卡尺、图纸，教他怎样在车床上装模具，怎样操纵线切割程序。夜晚，教他学计算机、学绘画，一遍又一遍，不厌其烦，直到他学会为止。丁工程师还不时去新华书店购买有关线切割和计算机操作的最新书籍，送给卢××学习。

一日日地教，一天天地学。

功夫不负有心人，经过6个多月的教学与实践操作，卢××终于可以独立操作了。

一天，因卢××操作不慎，车床突然发生故障，计算机程序失控，眼看模具将要报废。关键时刻，丁工程师立即切断电源，和卢××一道查找原因，并重新设置程序，使车床又开始正常运转。

事后，丁工程师语重心长地对卢××说："机器操作，千万不可大意，一定要遵守操作规程；做人也一样，要时刻遵纪守法，处处注重公德，才不会失控而走上罪错道路。"

一年后，卢××成了中队的技术骨干。

在卢××解教时，丁工程师再三叮嘱："要使用在劳动教养期间学到的技能好好谋生，好好服务于社会，为社会多作贡献。"

时至今日，卢××已是××县××机械厂的一名技术骨干。他逢人便说，"是劳动教养管理所给了他重新做人的机会，是丁工程师给了他生存的本领。"

以上是劳动教养人员卢××在劳动教养期间，通过习艺劳动，改造了思想，学会了技能，解教后自谋职业的例子。

那么，何为劳教人员习艺劳动呢？要解释清楚这一问题，必须从劳动讲起。

一、劳动

（一）劳动的基本内涵

1. 劳动是人类生活永久的自然条件。劳动是任何人类社会所必需的，无论是哪一种社会形态、哪种社会制度，只要有人类，只要社会需要发展，就要进行劳动。经济条件和政治条件可以改变，一种社会制度可以被另一种社会制度所替代，但是劳动却永远不会改变。正是在这个意义上，劳动是一种神圣的、永恒的、普遍的社会活动。马克思曾经说过："任何一个民族，如果停止劳动，不用说一年，就是几个星期，也要灭亡，这是每一个小孩都知道的。"[1]

2. 劳动是人类社会最重要的实践活动。人类社会的历史就是人类劳动的发展史和创造史，劳动是推动人类社会发展和进步的原动力。从原始人类的采集狩猎、刀耕火种，到古代畜力人耕的农业生产；从近代的蒸汽机、简单电力机器的使用到现代的新能源、新材料、无线电通讯系统和现代化网络技术，这就是人类

---

〔1〕《马克思恩格斯选集》第4卷，人民出版社1972年版，第368页。

所走过的伟大的劳动历程。在这个发展过程中，由于有了劳动，自然界、人类社会和人的思维系统都发生了巨大变化，产生了史无前例的物质文明、政治文明和精神文明。因而，劳动对人类的生产、生活、社会发展、思维方式等都具有无可比拟的巨大作用。

3. 劳动是一个哲学概念和范畴。历史唯物主义是研究社会发展最一般规律的科学。劳动既是历史唯物主义的逻辑起点，也是历史唯物主义的逻辑终点。这是因为，只有劳动才能产生生产力和生产关系，生产力和生产关系的统一又构成生产方式，生产方式的总和又构成社会的经济基础。经济基础决定上层建筑，上层建筑又决定着阶级、国家、社会革命的产生和发展，而社会发展的最终目标是共产主义，共产主义是以建立在劳动关系基础上人的全面发展为根本标志的理想社会。由此可见，劳动就像一条红线贯穿于历史唯物主义的整个发展体系之中。

(二) 劳动的基本概念

所谓劳动，是指人类为了自身的生存和发展，通过支出、消耗体力和精力，作用于自然物或改变自然物，创造必要的社会财富的有目的的活动。

从以上关于劳动的概念，我们可以看出，劳动有以下几层涵义：①劳动是人类为了维持自身的生存和发展所进行的活动，为人类所特有，人类通过劳动可以实现其生存和发展，动物是不存在真正意义上的劳动的。②劳动要求人类必须支出、消耗体力和精力，作用于客观对象并改变客观对象。一种劳动或者需要支出和消耗体力，或者需要支出和消耗脑力、智力，或者兼而有之；劳动还必须作用于客观对象并改变客观对象，或者对客观对象加以利用，或者进行加工，生产出产品，或者进行研究和开发等，但都是对客观对象的一种作用。③劳动必须是创造社会财富的活动。劳动是要为人类社会造福，任何劳动都必须以创造社会财富为根本目的。社会财富可以包括物质财富、精神财富、政治财富等诸多内容。不创造社会财富，甚至损害和破坏社会财富的活动不能称之为劳动，如犯罪分子的抢劫、盗窃等。④劳动还必须是一种有意识、有目的的活动。人类劳动和动物的本能行为最大的区别就在于人类劳动是一种有目的、有意识的活动，而动物本能行为则是一种本能支配。真正的劳动一般是在人的头脑中形成蓝图、计划、目标前提下所进行的活动，是有着明确目的性和指向性的活动。那种无意识的、潜意识的行为不能称之为劳动，如梦游症患者所做的类似于劳动的行为。

劳动的种类很多，可以包括体力劳动和脑力劳动、生产性劳动和非生产性劳动、简单劳动和复杂劳动、熟练劳动和非熟练劳动、有效劳动和无效劳动、必要劳动和剩余劳动、自愿劳动和被迫劳动、积极劳动和消极劳动等。

劳动作为一个基本范畴和原概念，其自身包含着无比丰富的内涵。劳动的内涵从不同学科的角度又可以概括出不同的意义和价值。具体来说，劳动的意义可以包括哲学意义、政治学意义、伦理学意义、社会学意义、生理学意义、心理学意义、法学意义和经济学意义等。

二、罪犯劳动

罪犯劳动，是指由于其本身所具有的惩罚功能和经济属性，行刑者将其运用于对罪犯行刑，从而使罪犯遭受惩罚和痛苦，以达到对罪犯进行惩役和矫治目的的活动。

（一）奴隶社会的罪犯劳动——奴役性

奴隶社会由于是奴隶主统治的社会，奴隶主占有生产资料和奴隶，奴隶处于受统治、受摧残的地位，这种阶级矛盾形态反映到狱制上就是极其野蛮、残忍的惩治主义、报复主义和威吓主义，反映在刑罚制度上就是生命刑和报复刑。特别是由于神权和政权的合二为一，神权治狱的色彩非常浓厚，监狱便成为神秘的对罪囚"天罚"的场所。他们对囚犯的监禁不以犯罪为条件，而是披上"执行天命"的外衣对囚犯进行残酷的杀戮、残肢解体，使之暴尸荒野，监狱也只是成为对囚犯待讯、待质、待决的场所。这种现象在我国第一个奴隶制国家——夏朝表现的尤为明显。

商朝统治者接受了夏朝覆亡的教训，社会经济发展的需要又进一步提出了更广泛地无偿使用奴隶劳动的历史要求，这些因素都促成了在刑罚制度上劳役制的施行。据史料《尚书·周书·武成》注疏称，"论语云箕子为奴，是纣囚之又为奴役之"，"为之奴者系于罪隶之官是因为奴以徒隶役之也"[1]　其实这种奴役罪囚劳役之事并非始于商末，在商王武丁时代，古文献《墨子·尚贤》（下）就有记载："昔者傅说，居北海之州，圜土之上，衣褐戴索，庸筑于傅险之城。"傅

---

〔1〕　杜雨主编：《罪犯劳动改造学》，群众出版社1991年版，第4页。

说原本是一名奴隶，沦为罪囚后，傅说衣着粗陋，身戴枷锁，在傅险这个地方从事繁重的版筑劳动，且被关押在圜土之中。以上记载足以说明，在殷商时期，我国监狱中就有了罪犯劳动，劳役刑就已经萌芽了。

由奴隶主阶级报应主义、威吓主义、惩罚主义的刑罚观所决定，对囚犯的劳役制就表现为羞辱主义和奴役主义的合二为一，是极其残忍和野蛮的。这种残酷的劳役制度是对罪囚从身体到精神，从肉体到灵魂的折磨和报复，体现的是一种报应、威吓、惩罚的野蛮的行刑思想。

（二）封建社会的罪犯劳动——残酷性

我国从战国时期，已经基本完成了从奴隶制向封建制的过渡。中国封建社会历经两千多年，尽管朝代不断更替，但儒家思想一直是占据统治地位的国家意识。两周早期的"明德慎罚"思想经过改造延伸，到西汉发展为崇尚"德主刑辅"、"礼法并用"的儒家主张，并且逐渐上升而确定为封建制国家立法的指导原则，礼仪、教化、劳役与法律、刑罚相辅为用。这种封建性法律思想反映在狱制上，就是制定一些对罪囚的具体劳役制度。统治阶级逐步废止肉刑、缩减死刑、扩大徒刑，对大批罪囚保存其生命，强迫其从事繁重的劳动，这不但可以维护和巩固封建王朝的阶级统治，而且可以为他们创造大量的社会财富。

在我国漫长的封建社会中，罪犯劳动得到了长足发展，从战国时期和秦朝的刑徒制、汉朝的作刑制、唐朝的徒刑制和流刑制，再到明朝的以役代刑制度，构成了中国封建社会"劳役刑"的基本脉络。纵观整个封建社会的"劳役刑"制度我们可以看出，由于统治阶级一直把劳动作为卑贱和低下的一种活动，因而统治阶级把劳动作为对罪犯进行摧残、虐待和报复的一种手段，从而达到对犯罪人的惩罚和巩固统治秩序的根本目的。此外，随着社会政治、文化和法律制度的不断发展，社会文明的不断进步，统治阶级又认识到"杀之不如役之"，让罪囚劳役不仅能达到惩罚的目的，还可为封建统治阶级创造大量无偿的经济价值和社会财富，可谓一举两得之事，这样"劳役刑"就成为封建刑罚制度的主体，其内容也得到了长足发展。

（三）资本主义社会的罪犯劳动——两面性

资产阶级革命胜利后，为了适应政治、经济、文化的需要，强化资产阶级专政，维护和巩固资本主义制度，自 18 世纪始兴起了狱制改良运动。到 18 世纪末 19 世纪初，狱制改良达到了高潮，当时各主要资本主义国家——美国、英国、瑞士、德国、法国、日本、瑞典、丹麦、意大利等，都根据本国的实际情况在狱制改良中做出了巨大努力，并且取得了一定成效。

一些资产阶级的思想家、法学家为资产阶级的狱制改良做了大量的思想、理论准备。经过狱制改良，近代目的刑、教育刑取代了古典报应刑。这些思想反映在监狱劳动中，就是罪犯的劳动作业制度在狱制中的地位日益提高。资产阶级刑罚学家、监狱学家认为：①现代刑罚是教育刑，强调罪犯教育、矫正，注意行刑合理化和行刑教育化，为此必须强制罪犯劳动作业，劳动作业是教育刑的一部分，是教育刑的重要手段之一；②强制罪犯劳动可避免自由刑执行中单纯监禁的弊端，罪犯囚禁狱中无所事事，悲观失望，自暴自弃，过分的精力无法宣泄，就容易重新犯罪；③许多罪犯是怠于劳动、厌恶劳动的游手好闲之徒，劳动能矫治怠惰并使其获取谋生手段，复归社会，自食其力；④罪犯劳动经济收入可观，既可减轻国家开支，又可为社会挽回损失。

资本主义早期的罪犯劳动，比封建社会有了历史性的进步，在观念上由注重自由刑的裁判转而注重自由刑的执行，赋予监狱感化、矫正、教育等职能，并将劳动作业作为使罪犯改过迁善的重要手段之一，由此在作业制度、劳动时间、劳动条件、劳动报酬和劳动组织等方面都有明显的改进和提高，这是应当明确给予肯定的。但我们也必须认识到，尽管资本主义早期进行了狱制改良，但由资本主义制度的本质属性所决定，监狱仍然是以维护资本家为主体的统治阶级利益的工具，他们所倡导和实施的罪犯劳动作业制度仍然是以惩罚、苦役、摧残和折磨犯罪人，以罪犯备受痛苦、榨取罪犯血汗并以此补偿社会损失为根本目的的。

（四）社会主义社会的罪犯劳动——改造性

在中国，社会主义社会的罪犯劳动产生于新民主主义革命时期，发展于社会主义革命和建设时期，逐渐成熟于改革开放后社会主义建设的新时期。

新中国社会主义社会的罪犯劳动最突出的特点就是改造性，劳动改造罪犯既是一种行刑思想，更是一种切实的行刑实践。

党的十一届三中全会以来，特别是 1981 年第八次全国劳改工作会议以来，我国劳改工作进入了一个全面发展的新的历史时期，罪犯劳动改造工作也有了突飞猛进的发展。1992 年 2 月公安部通知各地试行了《监狱、劳改队管教工作细则》，该细则对罪犯劳动的方针政策，劳动改造组织管理、劳动时间、劳动保护、劳动安全、劳动考核、劳动奖惩等方面都进行了规定，为罪犯劳动改造工作在新时期的创新和发展奠定了法制基础。随着 20 世纪 80 年代我国劳改工作推行"管教、生产双承包责任制"、"办特殊学校"、"百分考核，以分计奖"等措施，罪犯劳动改造工作也得到了深化和发展，如在罪犯劳动中广泛推行了科学管理、文明管理，完善了罪犯劳动改造和监狱生产的各项管理制度，加强了劳动安全和劳动保护工作，普遍开展了劳动分工、劳动协作、劳动竞赛、劳动教育、劳动行为控制、劳动考核、劳动奖惩等工作，不论是在罪犯劳动的改造效益发挥方面，还是监狱生产的经济效益方面都有了长足发展。特别是 1994 年 12 月《中华人民共和国监狱法》的正式颁布和实施，使罪犯劳动由政策形态和行政法规升级为法律规范，使罪犯劳动真正走上了法制化的轨道。监狱法从总则到分则对罪犯劳动进行了全面的规定，涉及近 20 个条款，包括罪犯劳动的原则、地位、经费保障、劳动组织、劳动时间、劳动保护、劳动报酬、劳动保险、劳动考核、劳动奖惩、未成年犯的劳动等内容。《监狱法》实施后，我国罪犯劳动改造工作日益向科学化、规范化、法制化和社会化的方向发展。但是，由于多年来我国对罪犯劳动改造工作重视不够，特别是对罪犯劳动改造与监狱生产的概念界定不清，致使罪犯劳动的基本手段地位有一定削弱，尤其是进入社会主义市场经济以后，由于原有的"监企社合一"的体制越来越不能适应市场机制的要求，国家所拨经费与监狱实际所需经费缺口较大，从而导致在监狱中为了提高经济效益盲目抓生产，而对于罪犯劳动的改造功能却大大弱化，甚至在一定程度上出现了罪犯劳动改造的异化现象。这种状况引起党中央、国务院的高度重视，司法部以国务院文件的形式于 2002 年 12 月下发了监狱体制改革的决定，明确提出"全额保障、监企分开、收支分开、规范运行"的十六字方针，这就为新形势下探索出一条罪犯劳动改造新路奠定了良好的基础。

（五）社会主义社会的劳教人员劳动——教育矫治性

我国劳动教养自 1955 年产生以来，组织劳教人员生产劳动的根本目的就一直是建立在对劳教人员的教育矫治基础之上的。1955 年 8 月 25 日，《中共中央关于彻底肃清暗藏的反革命分子的指示》中首次以正式文件提出劳动教养的办法，"对这次运动清查出来的反革命分子和其他坏分子，除判处死刑的和因为罪状较轻、坦白彻底或因为立功而应继续留用的以外，分两种办法处理。一种办法，是判刑后劳动改造。另一种办法，是不能判刑而政治上又不适用继续留用，放到社会上又会增加失业的，则进行劳动教养……"劳动教养既是对他们安置就业的一种办法，同时更是对他们进行改造和教育矫治的一种重要手段。之所以称为劳动教养，就是因为劳动在教育矫治劳教人员中具有不可替代的重要地位和作用。1957 年 8 月 3 日国务院颁布的《关于劳动教养问题的决定》中就明确规定："为了把游手好闲、违反法纪、不务正业的有劳动能力的人，改造成为自食其力的新人……对于下列几种人应当加以收容实行劳动教养……"这就以法规的形式明确了劳动教养生产劳动的改造和教育矫治性质。1982 年 1 月 21 日公安部发布的《劳动教养试行办法》第 38 条规定："组织劳动生产，应当从有利于劳动教养人员的教育改造和期满后就业的目的出发。"由此可见改造性和教育矫治性依然是组织劳教人员生产劳动的根本目的。

进入社会主义市场经济以后，为了使劳教人员生产劳动进一步回归本原，也为了正确处理生产劳动中改造效益和经济效益的矛盾和冲突，进一步发挥劳动的习艺性质和教育矫治性质，司法部提出了劳教人员劳动要由传统的以生产效益和经济效益并重的生产性劳动，转向以服务于劳教人员的思想转化和技能培养为核心的习艺性劳动上来。2004 年底，司法部发布了《关于进一步深化劳教办特色推进管理工作改革的意见》（司发通［2004］170 号），文件指出，要把"半开放式管理模式、课堂化教育、习艺性劳动、生活卫生"作为四项重点工作，并提出"加大习艺性劳动的比重，发挥劳动的矫治功能"要求。由此，习艺性劳动这一说法被正式提出。在司法部劳教局 2006 年的工作要点（司劳教字［2006］9 号）中，又把习艺性劳动试点列为重点工作之一，2006 年年初，司法部劳教局在广东、北京、上海等省、市的 7 个劳动教养场所进行劳动教养习艺性劳动的试点工作，劳教人员习艺劳动工作在全国逐步展开和推广。

三、劳教人员习艺劳动

（一）劳教人员习艺劳动的基本概念

劳教人员习艺劳动，是指劳动教养场所为实现劳动教养的目的，根据自身实际条件，在依法从事改造自然、改造人类和改造社会需要的生产劳动中，注重劳动教养人员学习技艺，矫治思想，并创造一定物质财富的社会实践活动。

从以上对劳教人员习艺劳动的概念界定中我们可以分析出如下几点特点：

1. 手段性。劳教人员习艺劳动是一种基本手段，其根本目的是为了实现劳动教养的目标和价值，即通过习艺劳动把劳教人员由一个违法犯罪人员教育矫治成为一个自食其力、有业可就、遵纪守法的社会普通公民。实现劳动教养的根本目的依赖于多种手段的综合作用，而习艺劳动是其中一种不可或缺的重要手段。

2. 依法性。我国劳教机关组织劳教人员进行习艺劳动是有严格的法律依据的。1982 年公安部《劳动教养试行办法》第 38 条规定"组织劳动生产，应当从有利于劳动教养人员的教育改造和期满后就业的目的出发"。这就明确指出了劳教人员劳动的习艺性和教育矫治性，为其后明确提出劳教人员习艺劳动概念奠定了基础。2004 年底，在司法部发布的《关于进一步深化劳教办特色推进管理工作改革的意见》（司发通〔2004〕170 号）这一部门规章中，第一次使用了"习艺性劳动"的概念，并提出"加大习艺性劳动的比重，发挥劳动的矫治功能"的要求，这就使劳动教养生产性劳动向习艺性劳动实现了根本性转变，确立了劳教人员习艺性劳动的基本地位和本质属性。

3. 生产性。生产性是指虽然劳教人员所进行的劳动是一种习艺性劳动，但这种习艺性劳动又主要是以生产劳动的形式出现的，在劳动中同样要讲究经济效益，要讲究投入产出，要进行成本核算，要实行科学的经营管理，杜绝和减少浪费，开展技术挖潜、技术革新和节能降耗活动，要实行科学的定额管理和奖惩考核，并实施公平合理的劳动报酬制度等。

4. 有效性。有效性是指我国劳教机关对劳教人员所组织的习艺劳动不是一种无效劳动，不同于一些国家对罪犯所组织的"拆了装、装了拆"的重复性习艺劳动；也不同于一些职业技校所开展的为达到学习技艺为目标而不惜过多投入甚至浪费的纯习艺性劳动；更不同于一些国家早期实施的以惩役和摧残为目的的"往返快速搬运石块，直到累倒为止"和"挖坑、填上、再挖坑、再填上，直到累倒为止"的报应行为。我国劳教机关所组织的习艺劳动是一种有效劳动，劳动中的习艺性是通过劳教人员在创造经济价值和为社会的服务与贡献中实现的，在我国，劳动的有效性是劳动的习艺性的前提和基础。

5. 矫治性。矫治性是劳教人员习艺劳动的最终目标和根本性质。我国劳教机关所组织的劳动虽然具有生产性、有效性和习艺性，但这些属性最终都是为了教育矫治劳教人员，把劳教人员由社会的破坏力量矫治成为社会的建设力量而服务的，教育矫治属性是劳教工作的根本属性，同时也必然成为劳教人员习艺劳动的根本属性。因此组织劳教人员习艺劳动，一定要从这一大局出发，即使劳动中的经济效益再好，习艺性再强，如果最终不利于教育矫治劳教人员，那么，这种劳动依然是失败的。因此，矫治性是劳教人员习艺劳动的灵魂和精髓之所在，是必须始终不渝地坚持的基本方向和基本准则。

（二）劳教人员习艺劳动与劳教人员生产劳动的区别

劳动教养人员生产劳动，是指劳动教养人员为了实现劳动教养的目的，依法重视物质财富的创造并同时达到改造思想、矫正恶习目标的社会实践活动。

习艺劳动与生产劳动的主要区别在于：

1. 目的不同。生产劳动是以创造物质财富，减轻国家负担，同时改造思想、矫正恶习为其主要目的，而习艺劳动则把矫治思想、学习技艺、增强劳动教养人员谋生本领放在首位。

2. 要求不同。生产劳动注重经济效益，注重劳动教养人员在劳动教养期间自食其力，减轻国家负担；而习艺劳动则注重提高劳动技能，注重劳动教养人员在劳动教养期间学会 1～2 门技能，解教后能自谋职业、自食其力。

3. 方法不同。生产劳动虽然也讲究劳动技能，但更侧重于参加劳动的时间和劳动的人数，更侧重于追求经济效益的提高；而习艺劳动则侧重于劳动技能的提高和劳教人员的劳动教育矫治。为提高劳动教养人员的劳动技能，习艺劳动要求在项目选择上要有艺可习，上岗前必须进行岗位技能培训，把学习、提高技艺作为教育矫治劳动教养人员的重要手段，并贯穿于劳动教养全过程。

因此，习艺劳动作为教育矫治工作的三大手段之一，在教育矫治劳动教养人员中具有十分重要的地位和作用。习艺劳动不仅具有思想矫治功能、经济效益功能，更具有学习、提高技艺功能。习艺劳动的过程，其实质就是劳动教养人员学习技艺、矫治思想以及创造物质财富的过程。

第二章　劳教人员习艺劳动的功能和作用

【案例介绍】

李伟杰在河南省禹州市景沟村一带可谓是出了名的人物。他因吸毒被劳动教养，期满解教后从沉沦中奋起，带领村民们走上富裕道路的事，早已被当地传为佳话。如今，提起这个已拥有煤矿 2 个、大小企业 5 个，人均年收入 8000 元的富裕村，全村千余名乡亲都不会忘记李伟杰这个带领他们走上致富道路的带头人。

1999 年，李伟杰因交友不慎染上了毒瘾，半年之内吸光了所有家产，接着被劳教 1 年，住进了河南省第三劳教所，妻子一气之下抱着小孩回了娘家。2000年底，李伟杰期满解教后回到了家乡，他踌躇满志、满腔热忱，下决心要干一番大事业以弥补过去的损失。可当他走进空荡荡的家，看到卧病在床的父亲满脸愁容，瘦弱的妻子正抱着儿子在啃窝窝头时，顿觉无地自容、惭愧万分。面对穷困潦倒的家和痛苦不堪的妻儿，他咬破食指写下血书：一定要戒掉毒瘾，重新做人，早日改变家庭现状，让家人过上幸福生活。

为了筹得做生意的本钱，李伟杰厚着脸皮向亲戚朋友借钱。曾经的吸毒分子，如今的解教人员，想换得亲朋的信任，难啊！一个个蔑视的眼光，一句句躲避的话语，一天天连续的碰壁，真是"叫天天不灵，哭地地不应"。万般无奈之下，李伟杰抱着一线希望找到了劳教所纪委张书记的办公室，服教期间张书记曾多次找李伟杰谈心，给予他许多帮助。热心的张书记听了他的经历，十分同情，表示愿意为他担保贷款。

山重水复疑无路，柳暗花明又一村。在张书记的帮助下，李伟杰又重新点燃了生活的希望，鼓起了创业的信心，他利用张书记担保借贷的 10 000 元贷款做起了烧石灰的生意。从此，李伟杰沉下身去，狠心大干，一干就是 3 年。有了一定资本积累后，他又投资做起了煤矿生意，由于他踏实肯干，勤学习善经营，加上对待工人关心爱护，他所经营的煤矿、石灰窑等企业红红火火，利润逐年翻番。

自己富裕起来后，李伟杰没有忘记张书记的恩情和嘱托，没有记恨乡亲们的歧视和责难。通过市场考察和调查研究，他迅速带领乡亲们搞起了大棚蔬菜种植、家禽生猪养殖、水泥制品生产等快速致富项目，同时大搞科技兴农，调整农业结构，使乡亲们在短短2年时间内摘掉了穷帽子，走上了致富道路。

李伟杰解教回乡5年间，像换了个新人，不但自己彻底改掉了坏习气，还帮助乡亲们走上了富裕路。乡亲们看在眼里，记在心上，谈到他都竖起了大拇指。在2005年村班子换届选举中，他以95%的选票当选村长。当选村长后，他又把目光放的更远了：投资30万元兴建的希望小学马上就要竣工，投资5万元扩建的村敬老院已完工，他还打算在2006年把全村的道路翻修一遍。

一、劳教人员习艺劳动的功能

（一）对劳教人员的日常思想活动的揭示和表现功能

习艺劳动的过程既是一个复杂而又艰辛的过程，同时也是一个手脑并用，需要全身心投入的过程。罪犯日常的心理活动、情绪变化，如思亲想家、郁郁寡欢、忧心忡忡、焦躁不安、心不在焉、图谋不轨等心理状态以及种种不良举动都会在劳动中以各种不同方式显露出来，尽管劳教人员力图加以掩饰，也往往难以奏效。加之劳教人员习艺劳动几乎占据了劳教人员日间的主要时间，且持续时间长，劳教人员的一举一动、所思所想一般都会在劳动中暴露无遗。这样，习艺劳动就发挥出了对劳教人员的日常思想活动的揭示和表现功能。

（二）对劳教人员的劳动态度和矫治程度的检验和评价功能

马克思主义认为，实践是认识的源泉和检验认识正确与否的唯一标准。劳教人员习艺劳动就是一种以生产劳动为主要形式的实践活动，因而它对劳教人员的劳动态度和矫治程度有着重要的检验和评价功能。劳教人员习艺劳动作为一种复杂的社会实践活动，需要劳教人员全身心投入且付出较大的体力、智力因素方能完成其任务，这样一种活动，单靠做表面文章或"耍嘴皮子"是无论如何也难以实现的，它能够最大限度地检验出一个人的劳动表现、劳动品德、技术熟练程度、团结协作程度、节能降耗程度、技术革新与挖潜、教育转化程度等内容，而这些正是体现劳教人员劳动态度和矫治程度的基本因素。劳教人民警察依据劳教人员的习艺劳动表现，再结合劳教人员其他方面的情况进行综合分析，就能揭示出劳教人员真实的劳动态度和教育矫治程度，在这里尤其不能忽视的是劳教人员习艺劳动综合表现，它是判断和检验劳教人员劳动态度和矫治程度的不可替代的重要因素。

（三）对劳教人员恶习的监督和矫正功能

劳教人员之所以走上违法犯罪的道路，就是因为他们违反了社会的法律规范，而他们之所以违反法律规范，又与他们身上所沾染的各种各样的恶习密切相关，因此，对劳教人员进行教育矫治其中一个重要内容就是要矫正劳教人员恶习。劳教人员恶习矫正的方法多种多样，而习艺劳动就是其中一种重要的方法。习艺劳动虽然不能对所有的恶习进行矫正，但其对于劳教人员身上所存在的与"懒"和"散"有关的恶习却有其独到的矫正作用。由于劳动是一种强制作为和不断反复、持续的活动，因而，习艺劳动对劳教人员来讲是一种反复刺激和不断作用的过程，这种作用的结果就产生了勤劳的美德，而勤劳与懒惰是一对天敌，劳教人员在形成勤劳美德的同时，也就祛除了剥削寄生、好逸恶劳、游手好闲等与懒惰相联系的恶习。习艺劳动也是矫正劳教人员身上所存在的放荡不羁、无法无天等与"懒"相关恶习的重要途径，这是因为，习艺劳动的过程是一种严格管理的执法过程，在劳动中，劳教人员不仅要严格遵守劳动纪律，而且要保质保量地完成劳动定额，且习艺劳动现场有严格的定置管理制度和操作规程制度，劳教人员如果加以违反，就会受到严厉处罚，加之习艺劳动是一种不断持续的活动过程，久而久之劳教人员就会形成严格的组织纪律观念和规范理念，劳教人员身上的散漫恶习也就得到了矫正。

（四）对劳教人员的激发功能

由于习艺劳动是一种需要付出体力、脑力和精力的综合性活动过程，特别是随着整个社会科技水平的不断提升，劳教单位习艺劳动中的科技含量也在不断增加，有些劳动项目甚至属于复杂的科技项目，这无疑给文化程度低于社会平均水平的劳教人员带来了挑战和压力。劳教人员在习艺劳动中要想顺利完成劳动任务，要想多拿奖分早日与亲人团聚，就必须熟练掌握劳动技术和工作流程，就必须学习现代科学知识和技术，就必须开发智力、开动脑筋，大力进行革新挖潜和发明创造，就必须降低产品消耗，多出产品，出好产品，努力降低废次品率，提高优质品率。这样，习艺劳动的开展就使劳教人员在生产活动中产生了学文化、学技术，发明创造、革新挖潜等良性动机，同时也为劳教人员悔过自新，决心回归社会后谋生就业和奉献社会奠定了良好基础。

（五）对劳教人员的劳动技能和组织纪律性的培养功能

由于劳教人员习艺劳动的主要目标是要使劳教人员通过劳动学习技艺、培养技能和实用技术，从而为解教后立足社会奠定基础，因而，劳教单位在进行习艺劳动项目选择时，一般都会考虑项目的科技含量和技能培养因素，所选择的劳动项目一般为机械制造、汽车修理、服装加工、纺织、劳务加工、种植养殖等实用技术，劳教人员从事这些劳动项目不仅能够养成良好的组织纪律观念，掌握劳动所需的操作规程和职业规范，而且能够学到很多实用技术，培养一技之长或多技之长。近年来，各劳动教养场所加大了习艺劳动中习艺的比重，有的专门聘请生产技术人员或教员在课堂上或劳动现场向劳教人员讲授生产技能的基本理论知识；有的主动让劳教人员报名，自选习艺劳动岗位，加大技能培训比重，千方百计提高劳教人员习艺劳动技能，使习艺劳动中的习艺功能进一步显现。

实践证明，习艺劳动不仅改变了劳教人员对客观事物的认识，而且还使劳教人员获得了直接的劳动知识和生产技能，例如，有的劳教人员在劳动教养期间学会了制鞋技能，解教后自开制鞋厂当老板；有的学会了养殖技能，解教后到养殖场当了养殖骨干；等等。

（六）培养和处理劳教人员良好人际关系的协调功能

由于劳动教养是一种严厉的行政处罚，因而在劳动教养期间劳教人员的人身自由在一定程度上受到了限制，在这种环境中进行教育矫治很容易使劳教人员产生压抑、暴躁、愤懑、孤独、绝望等不良情绪，严重者甚至会导致严重心理疾病和精神性疾病。而通过组织习艺劳动则会使劳教人员的不良情绪得以缓解或消除，从而建立起健康协调的人际关系。这是因为，习艺劳动使劳教人员的自由度大大拓宽，使单调的矫治生活充满了情趣和快乐，使矫治生活变得充实而又多样，这就大大减少了由于无所事事、空虚无聊所带来的一系列弊端，同时也使劳教人员的矫治生活多姿多彩。尤其是习艺劳动作为一种严肃的执法活动，其有严明的纪律规范和严格的劳动定额要求，从而使一些不良现象得以遏制和杜绝，这就为劳教人员在劳动中形成团结互助、互帮互学、比学赶帮超的良好人际关系提供了保障。

实践证明，劳教人员通过参加习艺劳动开阔了视野和胸襟；在学会技能的同时学会了与人交往、与人沟通、与人相处；学会了合作、学会了互助、学会了做人。

（七）增进劳教人员对劳动人民感情、体验劳动人民艰辛的体验功能

劳教人员之所以走上违法犯罪的道路，尽管原因复杂，形式多样，但绝大多数劳教人员有一个共同的特点，即他们的劳动观不正确，他们信奉"劳动致不了富，劳动发不了财"，"人无外财不富，马无夜草不肥"，正是这种错误的劳动观使他们鄙视劳动、鄙视劳动人民，对劳动人民毫无感情，认为："劳动是小人干的事，靠劳动吃饭的人是窝囊废"。他们一方面在社会上巧取豪夺、坑蒙拐骗、贪得无厌；另一方面又大吃大喝、挥霍无度、奢侈腐朽，最终走上背离劳动人民的违法犯罪之路。通过让劳教人员参加习艺劳动，可以使其感受劳动的艰辛，劳动产品的来之不易，使他们懂得一针一线、一米一粟都来之不易，明白"谁知盘中餐，粒粒皆辛苦"的道理。

实践证明，劳教人员通过亲身参加一段时间的生产劳动，通过民警的教育和自身感悟都会认识到劳动的艰辛和劳动成果的来之不易，从而对自己以往的奢侈、贪婪、自私和寄生生活进行痛悔和斥责，拉近了自己与劳动人民的距离，增强了与劳动人民的感情，对劳动人民的辛苦和付出产生理解和敬意，并愿意通过辛勤劳动创造自己新的生活。

（八）增强劳教人员体质、保持其身心健康的锻炼功能

劳教人员由于从事既违背社会发展规律又违背人的身心发展规律的违法犯罪活动，因而他们在入所后，绝大部分人都已经身染一种或多种疾病，这些疾病包括各种肝病、肺结核病、胃病及艾滋病等，尤其是吸毒违法人员，他们身上的疾病有的多达5种以上。这些疾病严重危害了劳教人员的身心健康，而所内开展的

习艺劳动，则对增强劳教人员的体质、保持其身心健康具有重大恢复和锻炼功能。

劳动是人类生命活动的基本形式，就像时间和空间是物质运动的基本形式一样，劳动则是人类生命活动的基本形式。离开了劳动，不仅对人类个体的生命健康非常有害，而且从根本上说会使人类生命活动难以维持和延续下去。劳教人员习艺劳动也是一种劳动，也具有一般劳动的共性，因此，习艺劳动对维持和保证劳教人员的身体健康十分重要。具体来说，习艺劳动的锻炼功能可以体现为以下几个方面：

1. 习艺劳动能促进劳教人员生理机能的增强。常言说，生命在于运动。劳教人员习艺劳动也是一种运动。在劳动时，劳教人员全身血液循环会进一步加速，从而促进血流畅通；劳教人员长期参加体力劳动，就会使心脏机能增强，比如平静时心率缓慢，但强而有力；劳动还会使劳教人员肌肉力量增强，从而使骨骼强壮有力并且肌肉发达；劳动也会促进劳教人员肺功能提高，从而出现呼吸深度加大，肺活量增强。总之，劳动能使劳教人员身体各机能得以顺畅运行，使脏腑各器官得以协调运转。

2. 习艺劳动能促进劳教人员身体素质的全面提高。劳动能促进劳教人员神经系统的平衡与发展。劳教人员长期参加劳动，就会使神经系统的各个分析器的生理构造及其功能得以平衡发展，使大脑高级神经活动得以有效调节和控制，使以第二信号系统占主导地位的两种信号系统的活动得以协调运转。劳动还能使劳教人员思维敏捷，反应灵活迅速，从而提高了劳教人员的反应能力和快速应变能力，这对于存在于部分劳教人员身上的心理障碍和心理疾病有一定的调节和辅助治疗作用。

3. 习艺劳动能刺激劳教人员内分泌的生长。内分泌腺在中枢神经系统直接或间接的控制下分泌出各种激素，以调节人体的物质代谢，劳教人员通过参加习艺劳动，可以使这种代谢顺畅协调发展。内分泌的生长能促进人体正常的生长发育，我国收容的劳教人员中还有一部分正处于身体的生长发育期，习艺劳动维护了劳教人员的身心健康，保护了未成年劳教人员身体素质的正常发展和提高。内分泌的生长还能促进劳教人员生殖机能的增强，从而使劳教人员的生殖机能得以健康发展。尤其是通过习艺劳动，可以缓解或消除劳教人员的性意识和性亢奋，使畸形的性亢奋和性冲动在习艺劳动中得以一定程度的宣泄和释放，这无疑对劳教人员的身心健康十分有利。

总之，习艺劳动适应和满足了劳教人员正当合理的生理性需求，符合人身心发展的客观规律，是一项积极、健康、人道之举。

（九）给予劳教人员人格尊严，保障其合法权益的人权保障功能

我国的劳动教养制度是一种以教育矫治为核心的违法行为矫治制度，而劳教人员习艺劳动是这种违法行为矫治制度的重要内容和基本手段。习艺劳动的实施为劳教人员人格尊严的实现创造了必要的条件。劳教人员在习艺劳动中不仅能够学到一技之长，养成良好的习惯，而且能够形成正确的生存方式，从而使得劳教人员作为人的本质在劳动中得以体现和证明，进而实现了劳教人员作为人这一特质的人格尊严。具体来说，习艺劳动是我国整个社会劳动的有机组成部分，劳教人员作为劳动力得到了社会的尊重。劳教人员的习艺劳动产品可以在社会中平等交换，劳教人员可以在习艺劳动中获取一定的报酬，这不仅仅使劳教人员作为社会一支重要的劳动力得到了合理开发，更重要的是表明我国政府用劳动这一活动方式接受和容纳了劳教人员，从而为劳教人员最终回归人民的怀抱开辟了广阔的道路，同时也使劳教人员的人格尊严得到最大程度的肯定和满足。

人的个人价值存在于劳动中，人的本质和人格尊严也只有在劳动中才能得到实现和证明，这无疑也同样适用于劳教人员。剥夺了劳教人员习艺劳动的权利，或者说不赋予劳教人员以法定的劳动义务，正是对劳教人员人格尊严和人权的蔑视和不尊重。值得指出的是，习艺劳动的强制性并不会影响劳教人员人格尊严的实现，也不会贬低劳教人员的个人价值；相反，让劳教人员自愿选择劳动，并不一定就是人道，试想让一个好逸恶劳、贪图享乐的人选择不劳动的结果，恰恰是对劳教人员本人和社会不负责任的表现，也是反人道的。

（十）创造经济价值，促进社会财富不断增长的经济效益功能

由于习艺劳动是以生产劳动为基本形式而展开的，是一种有效劳动，也要讲求经济效益，也要创造一定的社会财富，因而习艺劳动必然会产生一定的经济价值。在我国社会主义计划经济时期，劳动教养生产作为我国国民经济的组成部分，其所创造的经济价值弥补了国家劳教机关经费的不足，减轻了国家财政负担，改善了劳教场所的工作和生活条件，且为国家上缴了一定数额的利税，在改

造劳教人员的同时也促进了社会主义经济建设，在特殊战线上做出了自己特殊的贡献。在社会主义市场经济条件下，国家虽然不再需要劳教生产担当弥补经费不足的重任，劳教人生产劳动也更新为劳教人员习艺劳动，但劳教人员习艺劳动仍需坚持有效劳动原则，因为只有这样才能真正达到教育矫治的目的。劳动的教育矫治性和经济效益性并非完全对立，如果加以妥善处理，二者同样可以达到相得益彰的效果，习艺劳动在矫正劳教人员不劳而获思想的同时，也可以创造一定的物质财富。

劳教人员习艺劳动所创造的经济效益，不仅为创办劳动教养学校，提高劳教人员的教育矫治质量提供了一定的资金支持，而且在改善劳教场所的软硬件环境，进而创建现代化文明劳教所方面提供了物质保障。

（十一）提高劳教人员审美能力、消除其错误审美观的美育功能

美产生于劳动，劳动是美的源泉。人类社会所崇尚的各种美德无一不与劳动密切相关。劳教人员之所以形成错误的审美观，如美丑不分，美丑颠倒，除了受他们错误的世界观、价值观、人生观制约之外，与他们缺乏自觉的劳动实践，对劳动的错误态度以及没有形成必要的劳动技能有着十分密切的关系。他们把勤劳、汗水、付出、努力、奉献看成丑的，而把懒惰、奸诈、欺骗、奢华、浪费、摆阔看成美的。他们看不起劳动人民，更不相信劳动能够带来幸福和乐趣，而是一味追求"走捷径"、"一夜暴富"，十分羡慕花天酒地、吃喝玩乐、醉生梦死的生活，认为那才是人生最美的境界。劳教人员正是在这种错误审美观的支配下，走上了背弃道德和法律的道路，做出了害人害己的丑恶行为。

通过习艺劳动能够使劳教人员懂得劳动才是最伟大的美，人的正确审美观的建立离不开劳动。劳教人员要想树立正确的审美观，就必须在劳动中自觉地去感受美、接受美、追求美，使自己在劳动中获取美的真知，感受美的熏陶，升华美的心灵。

习艺劳动的社会实践为劳教人员正确审美观的形成可以提供多种渠道和条件支持。这些渠道和条件主要有：通过改善劳动环境和劳动条件，为劳教人员创造一种优美而又宽松的劳动氛围；提高习艺劳动的科技含量，使劳教人员能够具有较高现代化程度的劳动技能；科学管理，文明管理，制度健全，操作规范，奖罚分明，报酬合理；鼓励劳教人员进行科技创新和科学发明，研发新产品，改进新

的工艺流程；对劳教人员进行劳动美和产品美的教育；等等。随着以上这些渠道和条件的实现，劳教人员在习艺劳动中正确审美观的建立就不仅具有了可能性，而且具备了现实性。

（十二）提高劳教人员科技文化知识素质的智育功能

劳教人员习艺劳动是一种较为复杂而又艰辛的社会活动，尤其是劳教人员大多文化素质低、职业技能差，且多数在社会上并没有养成劳动习惯，这些都给他们顺利完成所内的习艺劳动定额带来难度。在这种情况下，劳教人员只有认真学习科学文化知识，刻苦钻研劳动生产技术，大力提升自己的生产技能，方能完成生产任务。这样，习艺劳动就达到了提高劳教人员科技文化知识素质的目的。另一方面，习艺劳动，尤其是生产性习艺劳动本身就是科技文化知识的重要载体，习艺劳动中既包含着很多科学文化知识，又渗透着很多科学原理和科学方法，劳教人员参加劳动的过程同时也是学习科技文化知识的过程，常言说"实践出真知"、"向实践学习"就是这个道理。

（十三）对劳教人员的不良自我进行重新认识的自我再认功能

劳教人员的违法犯罪原因非常复杂，而其中一个重要的因素就是他们对自我存在着诸多不良认识。入所后，这种对自我的不良认识并不会随着劳动教养生活的开始而消除，而是会以种种形式重新表现出来。在劳教人员中，最常见的不良自我认识有两种，即狂妄自大型和盲目自卑型。

狂妄自大型多表现在收容前有一定官职、家里有一定背景、家庭财产丰裕、身体强壮、学历层次高等劳教人员身上，他们在所里往往自我感觉良好，甚至目空一切、盛气凌人、不可一世，他们瞧不起一般劳教人员，甚至也不把民警放在眼里；这些人在习艺劳动中也往往消极怠工、投机取巧，甚至故意制造事端。针对这种劳教人员，民警在组织习艺劳动中可让他们从事与技术熟练且能超额完成劳动任务的劳教人员同样的劳动，这样他们往往在劳动中感到力不从心，甚至完不成起码的劳动定额。针对这一状况，民警则展开强势教育，让他们认识到自己并不是处处都比别人强，自己并没有什么了不起，起码在劳动上就不如自己瞧不起的劳教人员，做人应该谦虚，每个人都有自己的长处，也都有自己的短处，应辩证地认识自身和他们，只有这样，才能有一个正确的自我认识。

　　盲目自卑型也是劳教人员中常见的现象，这种现象大多发生在入所前后落差过大、性罪错、家中无权无势、家庭经济拮据、身体瘦小、体弱多病等劳教人员身上。由于盲目自卑，他们要么情绪低落、沉默寡言、不苟言笑，要么自暴自弃、破罐破摔、自杀自残、铤而走险。针对这种劳教人员，民警在习艺劳动组织中可以有意识地给他们安排一些较为轻便或能够较好完成劳动定额的劳动任务，并以此为契机因势利导，鼓励他们应该用积极的态度面对劳动教养生活，自己并不是一无是处，并不是处处都比别人差，自己也同样存在着长处和闪光点，自己不仅能够完成劳动定额，还能在劳动中为社会做贡献，应该正确对待自我、正确对待人生、正确对待教养生活，以积极乐观的人生态度面对生活中的挫折和坎坷。只有这样，才是对自我的一种正确认识。

　　（十四）构建所内新的社会存在方式、消除劳教人员错误社会意识的改造功能

　　马克思主义历史唯物论认为，不是社会的思想生活、政治生活决定社会的物质生活，而是社会的物质生活决定社会的政治生活和思想生活；不是人们的社会意识决定人们的社会存在，而是人们的社会存在决定人们的社会意识。总之，社会存在是社会生活中第一性的东西，是社会意识的根源，社会意识则是社会存在的派生物，是第二性的东西。当然，社会意识对社会存在又有巨大的反作用。

　　人们的社会存在，决定人们的社会意识。这是历史唯物主义的一条基本原理。劳教人员的违法犯罪思想也是一种社会意识。但是一种错误的消极的社会意识，其形成不是天生的，也是在社会化过程中对不良社会生活、社会环境和社会条件的反映，即劳教人员的违法犯罪思想也是由不良的社会存在方式决定的。这种不良的社会存在方式包括不良的家庭环境、人际交往方式、社区环境、工作环境等，加之劳教人员对其加以认同和能动吸收，并使之逐渐强化而不断形成。因此，要转化劳教人员的违法犯罪思想和错误社会意识，除了要把劳教人员与社会实行一定的隔离之外，还必须为劳教人员在所内重新构筑一种新的社会存在方式，并使劳教人员在接纳和认同这种存在方式的基础上重新确定自己所处的地位和关系，这种情况下久而久之劳教人员原有的违法犯罪思想就会不断瓦解，新的适应社会存在方式的社会意识就会产生。

　　那么，如何在劳教所中为劳教人员构筑这种社会存在方式呢？除了劳动教养执法事务处理、管理和教育外，劳动是构筑这种社会存在方式的基础和前提。这

是因为在劳动中既可以产生处理人与自然关系的生产力，又可以产生处理生产中人与人之间关系的生产关系，而生产力和生产关系的辩证统一又构成了生产方式，生产方式和生产环境的结合就构成了一定的经济基础，而经济基础就是社会存在方式，社会存在方式即社会存在，社会存在又决定社会意识。尽管劳教人员习艺劳动与一般社会劳动有些差别，但也具有一般劳动的共同特点，是一种在劳教所这种特定场所下的以教育矫治劳教人员为主旨的社会性劳动。以上社会存在方式的构筑过程用图示可能更加清晰，如图所示：

劳动（习艺劳动）→生产方式→经济基础→社会存在方式→社会存在→社会意识

可见，劳教人员习艺劳动与执法事务处理、所政管理、教育矫治共同构成了对劳动教养的执行模式，而劳教人员习艺劳动又构筑了所内新的社会存在方式，它们共同构成了劳教所更广泛的社会存在。劳教人员在这种新的社会存在环境里，不是完全被动的客体，而是劳教法律关系的主体和积极参与者、能动者，劳教人员不断地意识到自己的存在，不断地产生这种存在的意识（开始可能是被动的，后来绝大多数人转为自觉），渐进地发生根本的实质性的转变，最终达到教育矫治自己成为新人的目的。所内新的社会存在方式一经形成，其本身不仅有一种强烈的昭示和导向作用，而且还会形成一种社会舆论氛围，并提炼和凝聚一种集体意识，劳教人员在这种劳动环境里必然会不由自主地受到影响和带动，并进而向有利于教育矫治的方向转变。

二、劳教人员习艺劳动的作用

（一）教育和矫治作用

劳教人员习艺劳动的根本目的是为了实现对劳教人员的教育矫治目标。习艺劳动作为一种重要手段，通过自己卓有成效的努力和作为，可以使劳教人员发生根本转变，从而使之由社会的破坏力量和阻碍力量转化成为社会的建设力量和促进力量。

组织劳教人员参加习艺劳动，能使劳教人员感到劳动光荣，认识到劳动创造世界、创造社会、创造人生的伟大意义和朴素真理，进而养成热爱劳动的美德。

在艰苦而又辛劳的习艺劳动中，劳教人员能深刻体会到每一件生产成果都是辛勤劳动的结晶，都凝结着心血和汗水，懂得一米一粟来之不易，从而使他们逐渐养成勤劳、节俭、朴素无华的良好品德，进而祛除以往所形成的导致其违法犯罪的懒惰、浪费、挥霍、奢侈无度的不良品德。

习艺劳动，需要劳教人员相互紧密配合、互助协作，任何习艺劳动成果都是集体智慧的结晶和集体力量的产物。通过习艺劳动实践，可以使劳教人员养成关心、爱护集体的道德观念，建立人与人之间互相尊重、互相帮助的人际关系，进而摒弃劳教人员身上以往所形成的自私自利、唯我独尊、目中无人、专横跋扈等极端个人主义思想和行为习惯。

组织劳教人员参加习艺劳动，还可以使其在习艺劳动中进一步体会到"多劳多得"的社会主义思想和按劳分配原则，从而抛却其厌恶劳动、贪婪成性、拜金的不良道德和习惯。

由此可见，组织劳教人员参加习艺劳动，能够矫正其厌恶劳动、不劳而获、贪图享乐的思想和道德，从而树立正确的劳动观和价值观。

（二）管理和培养作用

习艺劳动作为一种相对复杂的社会化大生产，本身有着严格的规范要求、操作程序和制度约束，其秩序规训和管理功能是十分明显和强烈的，因而，习艺劳动也是一种重要的管理活动，具有突出的管理作用。具体来说，习艺劳动的管理作用主要可以体现为：有利于建立正常的改造秩序和教养秩序；可以避免劳教人员坐吃闲饭、无事生非，有利于场所稳定；能帮助劳教人员建立正常的生活规律，促进身心健康；促使劳教人员把教期当学期，学知识学文化学技术，使教养形态发生根本改变；能够强化其遵纪守法意识，培养协作精神，使劳教人员群体形成团结互助局面和和谐友好氛围；能够改变劳教人员不学无术、身无一技之长的窘境，学会自食其力、就业谋生的本领；等等。总之，科学合理组织的习艺劳动是所政管理的重要组成部分和必不可少的措施和途径，缺少了习艺劳动，所政管理就会困难多，或者难以顺利运行。

习艺劳动不仅具有重要的管理作用，而且具有重要的培养作用。习艺劳动的培养作用是多方面的，最突出的一点体现在通过习艺劳动使劳教人员学会了做人、学会了生存、学会了发展。

（三）促进和谐和稳定社会作用

从社会角度看，习艺劳动具有促进社会和谐和稳定的诸多作用。

习艺劳动从间接社会意义来说，可以体现为：

（1）习艺劳动作为一种对劳教人员具有教育矫治和管理造就功能的执法活动，起着对社会消极力量和社会病毒（劳教人员本身就是一些社会的消极力量和病毒）的净化和荡涤作用。

（2）习艺劳动有对社会各种矛盾和冲突（从某种意义上来说，劳教人员的存在也是社会各种矛盾和冲突的表现形式）的化解和缓冲作用。

（3）习艺劳动有对社会消极腐败现象和社会邪恶势力的否定和批判作用。

（4）习艺劳动起着昭示社会、警示后人、抑恶扬善的法律道德引导作用。

（5）习艺劳动具有宣扬正义、倡导文明、冶炼社会、塑造精神、推动社会进步发展的强大力量。

习艺劳动从直接社会意义来说，又可体现为：

（1）有利于提高劳教人员的改造质量，减少重新违法犯罪，有利于维护社会稳定。

（2）能减轻国家财政负担，并可为社会创造一定的物质财富。

（3）可减少劳动教养场所经费开支，补充经费缺口。

第三章 劳教人员习艺劳动的本质与基本原则

【案例介绍】

"在这里，我学会了缝纫技术，拿到了劳动技能证书，最重要的是明白了自食其力的道理。"10 月 28 日，因卖淫被劳教的女子张某劳教期满后，紧紧地拉着管教民警的手说。

河南省女子劳教所党委书记、所长屈双才说，像张某这样从女子劳教所走出去的劳教人员，人人均接受了专业的技能训练，至少掌握了一技之长。

近年来，河南省女子劳教所针对新时期劳教工作的特点，以教育人、挽救人为根本，积极打破封闭式管理模式，变"惩戒性"硬性管理为"教育性"软性管理，坚持做到"像父母对待孩子，像医生对待病人，像老师对待学生"，努力为劳教人员创造一个良好的人文服教环境。

在对劳教人员的教育中，该所积极拓宽帮教渠道，努力改进教育手段，倡导人性化教育。管教干警抓住女性劳教人员为人妻、为人母、为人女的特点，积极开展丰富的辅助教育和社会帮教，全面推进劳教人员的社会化进程，让其充分感受到社会的真情。管教干警还通过开展心理咨询教育，对重点人员、戒毒人员进行心理危机干预和疏导，化解和消除她们的心理问题。该所还积极对家庭困难的劳教人员实施救助，专门成立了救助特困劳教人员基金会，已发放救助基金4.3万元。

在教育矫治过程中，该所从女性劳教人员的特点出发，着眼于劳教人员解教后的就业需要，合理选择缝纫、洗涤、插花等适合女性从事的习艺劳动项目，使劳教人员真正学到一技之长。近 3 年来，有 212 名劳教人员获得了劳动技能证书，有 24 名劳教期满人员找到了满意的工作，劳教人员的改好率始终保持在96% 以上。

一、劳教人员习艺劳动的本质

（一）劳教人员习艺劳动是国家与违法犯罪作斗争的社会活动

1. 习艺劳动是马克思主义世界观和方法论的重要内容。马克思主义认为，劳动是人类社会生存和发展的最基本条件，劳动不仅创造了人，劳动还创造了生产力和生产关系，并进而产生了社会生产方式。在此基础上，又产生了社会的经济基础和上层建筑。人类社会正是以劳动为逻辑起点一步步由低级到高级发展起来的。劳动不仅是推动社会发展的根本动力，劳动还是进化人、完善人、提高人的重要途径，正如马克思所说："在再生产本身的行动中，不仅客观条件改变了，例如乡村变城市，荒野变为清除了林木的耕地等等，而且生产中也改变着、炼出新的品质，通过生产而发展和改造自身，造成新的力量和新的观念，造成新的交往方式，新的需要和新的语言。"[1] 不仅如此，马克思主义还认为劳动是消除一切社会病毒的伟大消毒剂。马克思早在 1875 年的《哥达纲领批判》中，就主张生产劳动是犯人"改过自新的惟一手段"，坚决反对使"犯人受到牲畜一样的待遇"，认为"这是应当期待于社会主义者最低限度的东西"。列宁也强调了用劳动手段改造剥削阶级分子以及从劳动人民中分化出去的寄生虫的重要性，他指出：富人、骗子、懒汉和流氓"是人类的渣滓"，是资本主义遗留给社会主义的"传染病、瘟疫和溃疡"，无产阶级专政的国家机器"必须使一切骗子（其中包括不愿做工的懒汉）都不能逍遥自在，而是被关进监牢，或者罚以最繁重的强迫劳动；使一切违反社会主义规则和法律的富人都不能逃避骗子的命运……骗子的命运也应该是富人的命运。""不劳动者不得食——这就是社会主义实践的训条。"[2]

用劳动手段改造和教养剥削阶级分子是毛泽东同志的伟大创造，是他第一次提出消灭剥削阶级是消灭制度，而不是从肉体上来消灭个人，从而制定了"消灭其制度，改造其人"的政策。毛泽东在《论人民民主专政》中明确指出："对于反动阶级和反动派的人们，在他们的政权被推翻以后，只要他们不造反，不破

---

〔1〕《马克思恩格斯全集》第46卷，人民出版社1980年版，第494页。
〔2〕《马克思恩格斯全集》第46卷，人民出版社1980年版，第494页。

坏，不捣乱，也给土地，给工作，让他们活下去，让他们在劳动中改造自己，成为新人"。1955 年 8 月 25 日，《中共中央关于彻底肃清暗藏的反革命分子的指示》指出，"对这次运动清查出来的反革命分子和其他坏分子，除判处死刑的和因为罪状较轻、坦白彻底或因为立功而应继续留用的以外，分两种办法处理。一种办法，是判刑后劳动改造。另一种办法，是不能判刑而政治上又不适用继续留用，放到社会上又会增加失业的，则进行劳动教养"。正是从这种意义上来说，劳动不仅能创造人、进化人、完善人，而且劳动能改造人、教养人。习艺劳动作为劳动的一种重要形式，无疑也具有改造人、教养人的巨大功能，由此可见，习艺劳动是马克思主义世界观和方法论的重要内容。

2. 习艺劳动是国家与违法犯罪作斗争的社会活动。劳动教养是社会主义国家实现自己伟大历史使命的重要手段。改造自然，改造社会，解放全人类，最终实现共产主义是社会主义国家和政党的历史使命。由于违法犯罪是社会消极现象中最严重的，是触犯国家政权和社会根本利益的行为，它对社会主义现代化建设和人民群众的生命财产安全危害性最大，对和谐有序的社会秩序和国家的长治久安破坏最严重。因此，在社会主义社会，进步阶级和政党要改造社会，实现人类共同理想，必然首先消灭违法犯罪和社会消极丑恶现象。因为只有这样，才能真正过渡到无违法犯罪或低违法犯罪的文明进步社会，从而实现人类共同为之奋斗的理想社会。而由于劳动自身所特有的创造人、进化人、完善人、改造人和教养人的伟大功能，先进阶级和政党必然会把马克思主义劳动学说和劳动教养理论作为指导思想，并把劳动教养作为一种国家意志和国家行为，也就自然会把劳动教育矫治思想引入劳教场所，运用到消灭违法犯罪和教育矫治劳教人员这一艰巨工程之中，这样就使得习艺劳动成为了社会主义国家与违法犯罪作斗争的基本手段，同时也使习艺劳动这一活动带有强烈的社会意识形态色彩。

半个多世纪以来，我国劳动教养在毛泽东"劳动改造罪犯和劳动教养劳教人员"的思想指导下，在与违法犯罪作斗争的社会综合治理活动中发挥了重要功能，取得了突出成就。我国劳动教养部门不仅顺利教育和改造了五六十年代所出现的罪行轻微、不够刑事处分的反革命分子、反党反社会主义分子，不够刑事处分的流氓、卖淫、盗窃、诈骗等违法犯罪分子，聚众斗殴、寻衅滋事、煽动闹事等扰乱社会治安分子，有工作岗位、长期拒绝劳动、破坏劳动纪律而又不断无理取闹，扰乱生产秩序、工作秩序、教学科研秩序和生活秩序的破坏分子，并解决了他们的就业安置和社会谋生问题，而且在新时期成功教育挽救了数以万计的滋扰型、邪教型、财产型、性罪错型等形形色色的违法犯罪分子，使他们转化成为了拥护社会主义制度的新人、自食其力的劳动者、社会主义现代化建设的守法公民和有用之才。

（二）劳教人员习艺劳动是劳动教养执法的基础和本体性活动

1. 实施习艺劳动所产生的社会存在为劳教人员的教育矫治提供了本体性条件。习艺劳动的过程首先表现为一种人与自然结合的过程，一方面，劳教人员通过作用和改变自然物或劳动对象使之为人类服务，并创造出一定的经济效益和社会效益，因而习艺劳动能产生一定的生产力；另一方面，习艺劳动的过程又是在劳教人民警察的直接管理和监督下，劳教人员集体分工负责、相互协作、共同创造的过程，这就必然产生劳教人员与民警、劳教人员之间等生产关系。而根据马克思主义的基本原理，生产力和生产关系的统一是生产方式，生产方式的总和又构成社会存在，而社会存在又直接决定社会意识。劳教人员的违法犯罪，从本质意义上讲是由于错误的社会意识造成的，把劳教人员转化成为守法公民就必然要求教育和矫正劳教人员的错误社会意识，而由实施习艺劳动所产生的社会存在无疑为劳教人员错误社会意识的转变提供了本体性条件，这就从客观上使劳教人员错误社会意识的转化具备了现实可能性。

2. 习艺劳动使劳教人员对如何做守法公民有了更实质性的认识。我国劳动教养法律法规明确把劳教人员的教育矫治目标确定为守法公民。守法公民从表面上看只指劳教人员应该知法懂法，并具有一定的法律意识。实际上，守法公民的内涵远不止这些。在我国目前的社会条件下，做一名守法公民，其中一个很重要的方面就是要求劳教人员应树立正确的劳动观，掌握谋生的本领和技能。做守法公民，就要做一名合格的社会劳动者，懂得劳动是做人的根本、人生的真谛，做人应该自食其力、勤劳致富，用辛勤的汗水和智慧创造美好人生，而不应该靠非法手段暴敛财富，发不义之财。通过劳动教养，劳教人员不仅能够树立正确的劳动观和人生观，而且能够学到谋生的本领和做人的真知，更对如何做一名守法公民有了切切实实的感悟、体会和实践，这就为劳教人员早日成为守法公民奠定了坚实的基础。

3. 习艺劳动在劳教工作三大基本手段中起着基础性作用。在劳教工作中，习艺劳动、管理和教育一起构成教育矫治劳教人员的三大基本手段。这三大基本手段构成我国劳动教养执法工作的整体，不可割裂开来，它们各司其职、各负其责、不可替代。在三大基本手段中，习艺劳动起着根基性作用。从习艺劳动和教育的关系来看，习艺劳动是教育不可或缺的实践基础和价值检验渠道，教育需要习艺劳动为其提供信息、检验成效及论证价值，离开了习艺劳动，教育就难免有空洞说教之嫌，就会显得苍白无力、抽象乏味。从习艺劳动和管理的关系来看，习艺劳动为所政管理提供了有效管理的空间和必要途径，习艺劳动不仅是对劳教人员进行科学监督管理的过程，而且是对劳教人员进行行为矫正和技能培养的必不可少的场所，离开了习艺劳动，所政管理不仅不能有效发挥激励和约束作用，而且容易走入单纯限制自由和单独拘禁的窠臼。

（三）习艺劳动是建立在劳动教养法律法规基础上的严肃执法活动

1. 习艺劳动是以我国劳动教养法律法规为根本依据的。劳教人员习艺劳动是传承于劳教人员生产劳动，劳教人员生产劳动的法律法规依据是非常充足的，如 1957 年《国务院关于劳动教养问题的决定》、1982 年国务院《劳动教养试行办法》、2003 年司法部《未成年劳动教养人员管理教育工作规定》等，而劳教人员习艺劳动产生于 2004 年，因而其直接依据是 2004 年 7 月 6 日司法部颁布的《关于印发劳动教养场所安全生产管理规定的通知》和 2004 年 12 月 13 日司法部颁布的《关于进一步深化劳教办特色推进管理工作改革的意见》。在司法部《关于进一步深化劳教办特色推进管理工作改革的意见》中的第四部分专门规范了习艺劳动问题。该规定为："加大习艺性劳动的比重，发挥劳动的矫治功能：①充分发挥习艺性劳动在劳动矫治中的重要作用。通过加大习艺性劳动的比重，促使劳教人员改正恶习，养成劳动习惯，学会一技之长，增强其解教后回归社会的能力。②切实体现劳动的习艺性。选择符合劳教人员特点、有一定技术含量的所内劳动生产项目，并配备技术人员现场指导、培训。③科学制定生产指标和劳动定额。生产指标和劳动定额的制定、下达和考核要科学合理，符合劳教人员数量、劳动时间、劳动效率和当地经济发展水平等客观实际。④严禁组织劳教人员从事煤矿、非煤矿山和易燃易爆、有毒有害危险化学品的生产。积极引进和发展来料加工生产，创造条件尽快取消所外劳动。⑤杜绝超时超体力劳动。劳教人员每周劳动时间不超过 36 小时，因季节性、临时性任务而延长劳动时间的必须进行补休、补学。未成年教养人员每周习艺性劳动不超过 20 小时。⑥建立和规范劳教人员劳动报酬制度。根据劳教人员的劳动态度、劳动效果和当地社会经济发展水平，发给适当的劳动报酬。⑦加强就业教育、培训工作。通过开展有针对性的教育、培训，使劳教人员树立市场观念、质量观念、诚信观念和竞争意识，掌握就业知识，了解就业需求形势，熟悉就业和社会保障政策。⑧做好安置帮教衔接工作。加强与安置帮教部门、劳动和社会保障部门、再就业指导部门以及用人单位的联系，为劳教人员解教后能够利用所学技能自食其力、服务社会创造条件。"

由以上规定可以看出，司法部的这一部门规章为劳教人员习艺劳动的科学执法奠定了良好的法律法规基础。

2. 习艺劳动是一种带有一定行政强制属性的教育矫治活动。习艺劳动作为一种建立在劳动教养法律法规基础上的活动，其根本属性必然体现为严肃执法活动。这一方面是由劳动教养工作的基本性质决定的，另一方面也取决于习艺劳动的教育矫治属性，它既不同于社会普通职工的经济生产性劳动。也不同于对强制隔离戒毒人员所实施的行政救治性劳动，还不同于以刑事强制为特征的罪犯改造性劳动。我们认为，劳教人员习艺劳动是一种带有一定行政强制属性的教育矫治活动。

习艺劳动带有一定行政强制性的教育矫治活动性质，这就对参与这一活动的劳教人员和劳教民警都提出了一系列特定要求。对劳教人员来说，习艺劳动带有一定的行政强制性，参加习艺劳动是依法强制进行的。劳教人员必须依法履行自己的特定义务，在劳动中，劳教人员应该按质按量地完成习艺劳动任务，而不能对习艺劳动任务挑挑拣拣、讨价还价、敷衍塞责，否则，就是违反劳动教养规范的行为，就可能受到一定的行政处罚。劳教人员在习艺劳动中，虽有生产建议权、休息权、获取劳动报酬权、劳动保护权和劳动保险权等，但个人没有权利决定自己劳动教养的期限和时间，不能选择自己的组织和领导者，也不能随意选择习艺劳动的工种和岗位。对劳教人民警察来说，由于组织习艺劳动是一项严肃的行政执法活动，因而民警在组织和实施习艺劳动中必须严格依法进行，要做到劳动项目科学、劳动定额合理、劳动管理文明以及劳动考核公正。民警还应认真研究和探索习艺劳动的教育矫治内涵，并制定出一套科学组织和实施习艺劳动的规范程序和工作制度，切实使习艺劳动的过程成为把劳教人员教育矫治成为守法公民的过程，真正实现习艺劳动教育矫治的规范化、制度化、法制化，从而大大减少习艺劳动实施中的随意性、盲目性和目标偏差性。习艺劳动的严肃执法性还要求广大劳教人民警察在组织和实施习艺劳动中要秉公执法、不徇私情，模范执行劳教工作的方针和政策，切不可在劳教人员习艺劳动问题上执法不公、厚此薄彼，甚至于索贿受贿；要求广大劳教人民警察对工作要脚踏实地、认真负责。在习艺劳动现场，劳教人民警察应时刻进行督察和巡视，注意发现劳教人员在习艺劳动中出现的问题并及时进行教育引导，切不可擅自脱离工作岗位，更不能远离习艺劳动现场从事与习艺劳动管理无关的活动，否则，就是一种失职和严重不负责任的行为，严重者还有可能构成违法犯罪。

（四）习艺劳动是以生产劳动为基本形式的教育矫治活动

1. 习艺劳动本质上是教育矫治劳教人员的基本手段。劳教人员习艺劳动之所以能够成为教育矫治劳教人员的基本手段，并不是人为地拔高，而是由其在劳动教养工作中所处的地位和表现出的独特职能所决定的。

（1）习艺劳动在治理违法犯罪，维护社会长治久安工作中发挥着不可替代的作用。当前，我国社会正在全力构建社会主义和谐社会，而构建和谐社会，离不开对严重违法犯罪活动的有效打击和教育矫治；构建和谐社会，就要尽最大努力化解社会矛盾，使各种不稳定因素降到最低限度；构建和谐社会，就要化消极力量为积极力量，变破坏因素为建设因素。而这些对于劳教人员习艺劳动来说，正是其所努力追求的奋斗目标和价值取向。实践证明，通过习艺劳动的有效作为和积极努力，我国劳教人员绝大多数解教回归社会后都能靠在习艺劳动中学到的一技之长开始新的生活，不仅找到了自己重做新人、回报社会的立足点，而且能够在社会大舞台中运用所学的劳动技能建立自己的幸福家园和实现奉献社会的人生追求。这正是包括习艺劳动在内的劳动教养工作对社会治安综合治理和构建社会主义和谐社会工作所作出的巨大贡献。

（2）习艺劳动在劳教人员教育矫治中发挥着独特的职能。习艺劳动的最大贡献在于能够使劳教人员由一个违法犯罪人成为一个自食其力的守法公民和合格的社会劳动者，从而为劳动教养行政处罚目的的顺利实现提供坚实保障。具体来说，习艺劳动有使劳教人员错误劳动观、人生观得以转化的功能；有使劳动教养场所社会化存在方式得以形成，从而使劳教人员重新实现社会化的功能；有对劳教人员的教育矫治程度、教育矫治水平和日常教育矫治表现的检验和评价功能；

有促使劳教人员正确处理和协调人际关系，从而培养和增强社会适应能力的功能；有对劳教人员不良恶习和不良心理状态的矫正和调节功能；有消除劳教人员错误审美观的美育功能；有提高劳教人员习艺劳动技能、法纪观念，促进其身心健康全面发展的培养和保健功能；等等。

2. 习艺劳动以生产劳动为基本形式和重要载体。要运用习艺劳动教育矫治劳教人员，首先必须找准习艺劳动的最佳途径和方式。习艺劳动的形式很多，如生产性劳动、非生产性劳动、公益性劳动和自我服务性劳动等，应该说这些形式对劳教人员都有一定的教育矫治作用。基于此，在劳教人员习艺劳动实践中，我们应科学合理的实施，真正使这些习艺劳动教育矫治形式充分发挥各自的功用。但是，在习艺劳动形式中，惟有生产劳动是最佳的教育矫治途径。这不仅因为生产劳动是人类社会实践中最基本的活动形式，而且生产劳动对劳教人员的教育矫治力度和教育矫治作用最大，因而，劳教人员习艺劳动应以生产劳动为基本活动形式。生产劳动具有集体组织性、互助协作性、体力消耗性、经济效益性和社会沟通性等一系列特点，而这些特点对劳教人员教育矫治来说作用尤为明显。不仅如此，生产劳动还使得习艺劳动与整个社会劳动联为一体，使习艺劳动成为社会劳动的重要组成部分。另外，生产劳动还能创造一定的经济价值，从而也赋予了习艺劳动一种特定的经济属性。

但是，习艺劳动教育矫治并不等同于生产劳动，习艺劳动教育矫治是实体，生产劳动是载体；习艺劳动教育矫治是本质，生产劳动是现象；习艺劳动教育矫治是目的，生产劳动是手段；习艺劳动教育矫治是内容，生产劳动是形式。习艺劳动教育矫治有着极其丰富和精深的内涵，而生产劳动只是实现习艺劳动教育矫治目标的一种途径和方法。因而，我们决不能把习艺劳动教育矫治与生产劳动混为一谈，错误地认为对劳教人员组织了生产劳动就是进行了习艺劳动教育矫治。习艺劳动教育矫治更不等同于劳动教养生产经营活动，劳动教养生产经营活动是劳动教养习艺劳动的必然结果，因而也是习艺劳动教育矫治中的必然现象，但习艺劳动教育矫治与劳动教养生产经营活动有着本质的差别。具体来说，习艺劳动教育矫治是一种严肃执法活动，是劳动教养执行的重要内容，属于国家上层建筑的范畴；而劳动教养生产经营活动是一种特殊的社会经济现象，是特定领域的生产经营和企业管理活动，属于经济基础范畴。另外，习艺劳动教育矫治和劳动教养生产经营活动在活动目标、运动轨迹、追求价值、服务内容、运行机制、管理方式和检测标准等方面都有本质区别，其中一个最显著的区别就是习艺劳动教育矫治追求的是劳教人员错误劳动观念的转变和技能的培养；而劳动教养生产经营活动所关注的是生产经营的管理和经济效益的提高。当然，习艺劳动教育矫治与劳动教养生产经营活动也有密切联系，劳动教养生产经营活动是习艺劳动教育矫治活动展开的必然结果和效用价值，离开了劳动教养生产经营活动的正常运行和价值实现，习艺劳动教育矫治也难以实现自己的特定目标，劳动教养生产经营活动为习艺劳动教育矫治价值的顺利实现和功能的充分发挥提供了效用支持、机能保障和物质后盾。

二、劳教人员习艺劳动的基本原则

原则，是指人们观察和处理问题的规范、法则和标准。劳教人员习艺劳动的基本原则是指劳教机关及其劳教人民警察在对劳教人员组织和实施习艺劳动过程中所应该普遍遵循的基本准则和行为规范。它是从劳教人员习艺劳动的本质和规律中引申出来的，是做好习艺劳动工作必须始终遵循的法则和尺度。半个多世纪的劳动教养实践证明，习艺劳动应当遵循依法实施的原则、社会主义人道主义原则、习艺劳动与思想教育相结合的原则、区别对待的原则及民警直接管理和指导的原则。

（一）依法实施的原则

所谓依法实施的原则，是指劳教机关及其人民警察对劳教人员组织和实施习艺劳动的全部活动都要严格依法进行，做到依法办事，从而实现劳教人员习艺劳动的法制化。

依法治所，实现劳教工作的科学化、法治化、规范化是我国劳教机关面向21世纪的根本发展方向。它既是我国建设现代化文明劳教所的根本要求，同时也是依法治国、建设社会主义法治国家这一治国方略在劳教场所的具体体现。劳教人员习艺劳动作为劳动教养执行的重要内容，作为我国劳教场所对劳教人员进行教育矫治的主要形式，无疑在依法治所这一根本任务中起着举足轻重的作用。换句话说，如果不能实现劳教人员习艺劳动的法治化，那么，依法治所就难以真正实现。因此，在劳教人员习艺劳动中贯彻依法实施的原则有着特别重要的意义。

贯彻好依法实施这一原则，需要做好以下几方面工作：

1. 大力提高广大民警对贯彻依法实施这一原则的认识。依法治所、依法执行既是新时期党和国家对广大劳教人民警察的根本要求，也是劳教人民警察做好劳教人员习艺劳动工作的基本职责。劳教人员习艺劳动是一项严肃的政治执法活动和劳动教养执行活动，这项工作能否严格依法进行，既关系到劳教机关作为国家行政处罚执行机关的形象问题，也涉及劳教人员的有效矫治和人权保障问题，更重要的是关系到国家法律的尊严和社会的长治久安。因此，对这样一项严肃的执法活动必须严格依法实施，决不允许有丝毫的懈怠和随意。

2. 劳教人员习艺劳动必须以国家有关法律、法规为依据，并严格依照法律规定执行。劳教人员习艺劳动必须遵循的法律法规很多，如宪法、行政法等法律中有关劳动方面的条款；选举法、劳动法等法律中有关公民权利等方面的规定；劳动教养法律法规中有关劳教人员劳动的专门规定；全国人大常委会、国务院、最高人民法院、最高人民检察院、公安部、司法部等国家机关发布的有关劳动教养的决议、决定、指示、通知及司法解释等。此外，还包括在劳教人员习艺劳动过程中涉及到的诸如劳动管理、劳动保护、教育、专利、保险、医疗卫生等方面的法律、法规等。尤其是行政法律法规和劳动教养法律法规有关劳教人员习艺劳动的法律规定是习艺劳动最直接的法律依据，它对习艺劳动的性质、条件、目标、现场管理、奖惩考核、经费保障等都进行了明确规定，是习艺劳动有效执行的强有力的法律保障。

有法可依只是习艺劳动执法的前提条件，真正实现依法执行，还必须做到有法必依，执法必严。要对法律有完整、准确的理解和认识，决不允许曲解法律，在严格执行法律方面不能打折扣，更不能有利的就执行、不利的就不执行或根据个人好恶来取舍。

3. 贯彻依法实施原则，还要求对习艺劳动中的违法行为进行严肃查处，并自觉接受人民检察院的法律监督。贯彻依法实施原则，还必须坚持违法必究。对在劳教人员习艺劳动过程中的一些违法行为，如一味追求经济效益，致使劳教人员得不到有效教育矫治并使劳教人员合法权益受到损害的行为；盲目追求经济效益而忽视安全生产、劳动保护、环境保护而导致重大责任事故的行为；利用习艺劳动对劳教人员进行体罚、虐待的行为以及习艺劳动生产管理中的贪污受贿、挪用公款、收受回扣等行为。一经发现，各级劳教机关及有关职能部门都应该严肃查处，决不能姑息迁就，构成犯罪的，要移送司法机关处理。

我国1982年公安部《劳动教养试行办法》第6条规定，"劳动教养机关的活动，接受人民检察院的监督"。2008年3月23日最高人民检察院发布的《人民检察院劳教检察办法》第27条规定，人民检察院发现劳教所在教育管理活动中没有按照规定时间安排劳教人员劳动，存在劳教人员超时间，超体力劳动的，应及时提出纠正意见。因此，劳教人员习艺劳动作为劳动教养执法的重要活动，也必须依法接受人民检察院的法律监督。习艺劳动过程中一些重大问题的讨论和执行中的关键环节都应该自觉接受驻所检察人员的监督，必要时还可邀请检察人员到场监督指导，检察人员对习艺劳动中的一些有违反法律法规的行为要及时提出监督意见，以便使问题及早获得解决。

（二）社会主义人道主义原则

所谓社会主义人道主义原则是指在劳教人员习艺劳动中要给予劳教人员以人道主义待遇，依法保障劳教人员在习艺劳动中的各项合法权利，从而展示社会主义劳教人员习艺劳动制度的文明和进步。

社会主义人道主义是社会主义社会的一项重要的伦理原则和道德规范，它与资产阶级人道主义有本质的区别。资产阶级人道主义既是伦理原则，又是世界观和历史观；而社会主义人道主义只是社会主义社会生活中对待人的一项伦理原则和道德规范。它是以马克思主义世界观和历史观为基础，建立在社会主义经济基础之上，同社会主义的政治制度和道德原则相适应，以集体主义为核心的新型的人道主义。

社会主义人道主义作为一项重要的伦理原则和道德规范，不仅对社会中的一般人员具有规范调节作用，而且对劳教人员具有特别重要的规范调节意义。因此，社会主义人道主义一直是我国劳教工作一种重要的劳教人员教育矫治政策和基本原则，同时，它也必然是劳教人员习艺劳动所应遵循和贯彻的基本原则。

在劳教人员习艺劳动中，贯彻社会主义人道主义原则主要体现在以下几个方面：

1. 正确处理好社会主义人道主义与劳动教养行政强制性劳动的辩证关系。社会主义人道主义与劳动教养行政强制性劳动是一种辩证关系。一方面，对劳教人员的习艺劳动是建立在依法行政强制基础之上的，除了对丧失劳动能力的劳教人员按照人道主义原则可以不参加习艺劳动外，所有劳教人员都必须参加习艺劳动，以体现习艺劳动作为劳动教养行政处罚所具有的强制性和不可违反性。离开了强制性劳动这一前提而单纯实行人道主义是非常错误的，也是极其有害的，人道主义必须以强制性劳动为前提，不能搞"宽大无边"。另一方面，我国对劳教人员的强制性劳动又是包容于人道主义的执法活动。我国习艺劳动不是要单纯制裁和惩治劳教人员，更不是一种劳役。其主要目的是为了挽救和矫治劳教人员，强制也是为了矫治，强制是矫治的前提条件，没有强制劳教人员就难以成为守法公民。因此，从这个意义上说强制本身就包含着人道主义成分。不仅如此，强制性劳动还与尊重劳教人员人格、保护劳教人员人权相结合，依法保障劳教人员在习艺劳动中的各项合理、合法的要求和权利，真正实现了宽严相济，强制性劳动与人道主义相结合。

2. 尊重劳教人员人格，不用劳动体罚虐待劳教人员。劳教人员虽然违反了相关法律法规，但也是人，所以必须尊重劳教人员人格。在习艺劳动中，决不允许用劳动来虐待劳教人员，民警对劳教人员要一视同仁，不允许由于对某个劳教人员抱有成见或不满而用劳动来报复劳教人员。要尊重劳教人员在习艺劳动中的各项合法权利，如生产建议权、革新发明权、休息权和劳动报酬权等。对劳教人员在习艺劳动中提出的合理要求要加以重视，并给以尊重。

3. 合理安排习艺劳动时间，保证劳教人员习艺劳动负荷合理化，不搞超体力劳动。劳教单位应合理安排劳教人员的习艺劳动时间，劳教人员参加习艺劳动的时间为每天 6 小时，每周 36 小时，未成年教养人员每天习艺劳动时间不超过 4 小时，每周不超过 20 小时。因季节性生产或者其他生产需要必须加班的，可以调整劳动时间，但过后应保证劳教人员必要的休息时间。劳教人员的习艺劳动负荷应当合理化，要制定科学的习艺劳动定额标准，既要避免窝工和定额不足，也要防止劳动定额过大，增大劳动量和劳动强度，使劳教人员出现超体力劳动，从而损害身体健康，使劳教人员对习艺劳动产生抵触情绪。

4. 搞好劳教人员生活卫生管理工作，加大习艺劳动保护的力度。劳教人员生活卫生管理工作政策性很强，劳教人员对此也十分敏感，劳教人员生活卫生管理工作是做好劳教人员习艺劳动的基本前提和保障。只有让劳教人员吃饱、吃熟、吃得卫生，并有足够的营养，让劳教人员有充足的睡眠，并保持旺盛的精力，使劳教人员患病能及时得到治疗，才能使劳教人员保持健康的体魄，也才能使劳教人员全身心地投入到习艺劳动中去。

劳教单位应大力加强对劳教人员的劳动保护工作。要建立健全各种安全生产制度，严格按操作规程办事。要对劳教人员进行经常性的技术培训、岗位练兵和安全教育，要设立专门机构和人员定期对生产安全进行监督检查，杜绝各种重特大安全生产事故的发生。劳教单位要高度重视劳教人员的习艺劳动卫生工作，对长期接触有毒有害物质的工种及行业的劳教人员要采取有效的劳动保护措施，并定期进行身体检查，防止职业病的发生，并要积极创造条件从这些高危险、高污染行业中撤离出来。对粉尘、有害气体、污水、噪音等要加大治理力度，切实保障劳教人员的人身安全和习艺劳动工作的顺利进行。

（三）习艺劳动与思想教育相结合的原则

所谓习艺劳动与思想教育相结合的原则，是指在习艺劳动过程中要始终把习艺劳动与对劳教人员的思想教育有机结合起来，使二者达到相辅相成，相互提高的功效。习艺劳动与思想教育相结合的原则是马克思主义关于实践和认识的辩证关系原理在习艺劳动实践中的具体运用和发展。

1. 习艺劳动是劳教人员思想教育的物质前提和实践基础。

首先，习艺劳动本身就包含了丰富的思想教育因素。习艺劳动不仅是教育矫治劳教人员的一种物质手段，同时也是教育矫治劳教人员的一种精神手段。劳教人员在长期的习艺劳动过程中，不论自觉与否，都会或多或少地在习艺劳动中获得一些真知和启迪。尽管这些真知和启迪有时是以自发的形式，零散地不系统地产生的，但这些都多少会对劳教人员产生一些教育影响。比如，他们经过"汗滴禾下土"之苦，经历流血流汗的艰辛劳动，都知晓了"粒粒皆辛苦"的道理，明白了劳动的艰辛和劳动成果的来之不易，产生了对自己不劳而获、贪图享乐、寄生腐朽生活的痛恨和罪责感，懂得了每个人都应当靠劳动吃饭，走勤劳致富之路，用辛勤的劳动和汗水创造自己幸福的生活和美好的家园。

其次，习艺劳动为劳教人员思想教育提供信息。习艺劳动为劳教人员思想教育提供了教育内容和教育信息，劳教人员思想教育不能离开习艺劳动的信息素材而抽象地进行教育，否则就会成为空洞说教，不仅没有教育针对性，而且收不到任何教育效果。从根源和本原意义上说，劳教人员思想教育的内容就是来源于习艺劳动实践，习艺劳动为劳教人员思想教育提供了理论来源和思想教育信息。

最后，习艺劳动为劳教人员思想教育检验成效。习艺劳动实践不仅是劳教人员思想教育的理论源泉，而且对劳教人员思想教育的效果和价值起着检验和论证的作用。劳教人员思想教育究竟起没起作用，起了多大作用，产生了什么样的效果，都会在劳教人员习艺劳动实践中得到检验和证明。

由以上分析可以看出，习艺劳动是劳教人员思想教育的物质前提和实践基础，劳教人员思想教育是为习艺劳动服务的，它应时刻围绕习艺劳动而展开，离开习艺劳动这项实践活动，劳教人员思想教育就很容易成为徒劳无益的空洞说教。因此，习艺劳动与劳教人员思想教育必须紧密结合、不可分割。

2. 劳教人员思想教育是习艺劳动的发展方向和精神动力。前苏联著名教育学家马卡连柯在《论共产主义教育》一书中说，"在任何情况下，劳动如果没有与其并行的教育……就不会有教育的好处，会成为不起作用的一种过程"，"这种没有教育意义的劳动不过是一种筋肉的活动"。因此，在组织劳教人员进行习艺劳动过程中，必须紧密结合对劳教人员的思想教育，使二者相辅相成、同步进行。不仅要针对劳教人员在习艺劳动中反映出来的错误劳动观和人生观进行教育，如针对劳教人员不劳而获、贪图享乐、好逸恶劳及懒惰成性等错误劳动观而进行有针对性的教育；针对劳教人员"人无外财不富，马无夜草不肥"、"人为财死，鸟为食亡"、"劳动致不了富，要致富就得走捷径"等错误观点和谬论进行批驳教育；针对劳教人员习艺劳动态度不端正、习艺劳动动机不正确导致的消极改造、应付改造进行说理性教育；还要针对劳教人员在习艺劳动中所表现出来的种种不良行为和表现不失时机地进行随机诱导，从而使习艺劳动活动沿着正确轨道顺利运行。

3. 建立习艺劳动与劳教人员思想教育的配合协调制度是贯彻这一原则的重要保证。由于习艺劳动与劳教人员思想教育在劳教工作中分属两个不同的工作部门，各有其具体任务和指标要求，因此，在实践中极易发生互不联系、各行其是的倾向。为了避免这种现象的发生，劳教单位必须建立习艺劳动与劳教人员思想教育的协调配合制度，明确规定"生产线"和"管教线"的同志要协作配合，分工不分家，并用责任制度加以规范。要定期召开管教生产联席会议，互通情况、共同切磋、互相配合，做到"生产线"的同志不能只管习艺劳动，劳教人员思想教育工作同样是他们的分内职责，必须把习艺劳动与思想教育有机结合起来；负责"管教线"的同志也要经常深入到劳教人员习艺劳动现场进行教育，并注意收集劳教人员在习艺劳动中出现的普遍性问题，从而搞好"习艺劳动教育"的专项教育。

（四）区别对待的原则

所谓区别对待的原则，是指在劳教人员习艺劳动中要针对劳教人员个体或群体所表现出来的不同差异和不同情况采取不同的处理措施和管理办法。区别对待的原则是我国劳教工作区别对待政策在习艺劳动中的具体运用，也是我党实事求是、一切从实际出发的思想路线在劳教人员教育矫治中的运用和发展。没有区别就没有政策。坚持区别对待原则对于树立劳教机关及其人民警察的良好形象，使劳教人员相信政府、靠近政府，加快劳教人员思想转化和反改造团伙的分化瓦解，提高劳教人员习艺劳动的积极性和充分发挥其聪明才智都有十分重要的作用。

劳教人员习艺劳动中坚持区别对待的原则主要体现在以下五个方面：

1. 根据劳教人员不同情况，收容不同劳教单位或大队。贯彻区别对待的原则，要从劳教人员的收容和分流做起。首先，根据我国有关法律规定，未成年教养人员和女劳教人员要分别收容，在习艺劳动上要与成年劳教人员和男劳教人员区别开来。具体来说，未成年教养人员的习艺劳动，应当符合未成年人的特点，以学习文化和生产技能为主，习艺劳动时间为每天不超过 4 小时，每周不超过 20 小时。女劳教人员的习艺劳动也应与男劳教人员有所区别。根据女劳教人员的生理心理特点，她们更适宜参加精细性、持久性或劳动强度较小的习艺劳动项目，如服装、纺织、刺绣、工艺品等。其次，在综合考虑劳教人员的身体状况、技术特长、罪错性质、就业方向等情况基础上把劳教人员收容到不同的劳教单位进行习艺劳动。比如根据劳教人员的技术特长来考虑是收容到工业型劳教单位还是农场型劳教单位进行教育矫治；根据劳教人员的就业方向、就近矫治等情况来决定收容到哪个劳教单位更适合其习艺劳动，以便使劳教人员这种特殊劳动力得到合理配置。

2. 区别不同情况，安排最适宜的习艺劳动任务。组织劳教人员从事习艺劳动，劳教单位如何使其分配最适宜的工种或劳动任务非常重要，这是关系到劳教人员习艺劳动功能能否充分发挥的关键环节。

（1）要尽可能发挥劳教人员原有的技能和特长，这样能使劳教人员习艺劳动积极性更高，对教育矫治和经济效益的提高都有好处。

（2）要考虑劳教人员原有的劳动习惯和身体素质情况，对劳教人员进行区别对待，使其由轻到重、由简到繁、逐步适应、循序渐进，这样有利于劳教人员习艺劳动的顺利进行。

（3）要考虑劳教人员的罪错性质和教育矫治表现，科学安排劳动工种或劳动任务，如让滋扰型劳教人员从事可以磨练其暴躁性格的精细工种等。安排习艺劳动任务还要考虑到劳教人员的教育矫治表现，比如不能让"难改造"劳教人员从事零星分散劳动；不能让"多进宫"劳教人员从事有一定危险性的劳动项目等，应尽量把这些劳教人员安排到最适合于对其进行监督管理和教育矫治的岗位上去。

（4）要尽可能把劳教人员安排到一个有利于期满就业的工作岗位上。这样做不仅能够促进劳教人员在劳教单位的习艺劳动工作，而且能够促进劳教人员的期满解教后的重新就业，从而进一步巩固教育矫治成果。

3．劳动管理上区别对待。首先，要把有劳动能力和在所内丧失劳动能力的劳教人员区别对待。根据我国法律规定，习艺劳动是对有劳动能力的劳教人员强制实施的，因此，对在习艺劳动中丧失劳动能力的劳教人员，要按照社会主义人道主义政策给予一般劳教人员的生活卫生水平。其次，要把身体素质较弱的劳教人员和一般劳教人员区别对待。对待身体素质较差，或有轻微疾病的劳教人员在劳动分配时应予以适当照顾，应给他们分配一个适合其身体状况或比较轻微的工种。最后，要把有劳动技能和特长的劳教人员与一般劳教人员区别对待，对待有劳动技能或劳动特长的劳教人员，在劳教单位现有劳动条件下，应尽量照顾到他们的兴趣爱好和特长，给他们安排一个适合其技能和特长发挥的工作岗位。

4．考核和奖惩上区别对待。习艺劳动的考核和奖惩直接关系到劳教机关及民警对劳教人员习艺劳动的评价及劳教人员的改造前途，因此政策性极强，要求民警必须做到客观公正、实事求是。区别对待对劳教人员习艺劳动方面的考核主要是考查劳教人员的劳动态度、完成生产任务的情况、遵守劳动纪律及操作规程的情况以及在节约原材料、技术革新和安全生产方面的表现等。劳教单位应当建立劳教人员的日常考核制度，以考核的结果作为对劳教人员进行奖励和处罚的依据。根据公安部《劳动教养试行办法》第57条的规定，劳教人员有与习艺劳动有关的下列情形之一的，劳教单位可以给予表扬、记功，物质奖，减期或提前解除劳动教养等奖励，"……④在抢救国家财产，消除灾害、事故中有贡献的；⑤经常完成或超额完成生产任务的；⑥厉行节约，爱护公物有显著成绩的；⑦在生产技术上有革新或发明创造的……第 58 条规定，"劳教人员有下列行为之一的，应根据不同情节给予警告、记过、延长劳动教养期限等惩罚：……③不断消极怠工，不服从指挥，抗拒劳动的……"因此，对劳教人员习艺劳动的考核和奖惩要严格依法进行，赏罚分明，是非清楚，决不能是非不分、好坏不分、善恶不分，也不能凭感情用事，对劳教人员厚此薄彼，更不能徇私枉法，收受贿赂，并以此作为奖惩的标准。只有对劳教人员的习艺劳动表现和行为进行区别对待，分清是非标准，才能使习艺劳动实现预定目标。

5. 习艺劳动教育方面区别对待。习艺劳动教育是习艺劳动活动的题中应有之义，是习艺劳动须臾不可缺少的重要内容。在习艺劳动教育方面也必须实行区别对待，做到具体问题具体分析，辩证施教。习艺劳动教育主要是根据劳教人员在习艺劳动中出现的问题而展开的，而习艺劳动中出现的问题又是纷繁复杂的，比如有的问题属于劳教人员故意抗改造成的；有的问题是属于劳教人员注意力不集中或马虎草率造成的；有的问题是属于劳教人员技能掌握不熟练造成的；还有的则是由于劳教人员情绪低落等不良心理状态造成的。根据这些不同情况，劳教人民警察在进行习艺劳动教育和诱导时就要根据问题的不同性质和问题产生的不同原因辩证施教、区别对待，该处罚的处罚，该说理的说理，该提高技能的提高技能，该批评的批评，该心理矫治的进行心理矫治。只有这样，才能使习艺劳动中的问题解决得恰到好处，使习艺劳动教育收到实效。

（五）民警直接管理和指导的原则

所谓民警直接管理和指导的原则，是指劳教机关人民警察运用国家赋予的习艺劳动执法权亲自对劳教人员习艺劳动的整个过程进行组织和指挥。

1. 贯彻民警直接管理和指导原则的必要性。

（1）坚持民警直接管理和指导是由劳教人员习艺劳动的性质决定的。劳教人员习艺劳动是我国劳教机关实施劳动教养执行的主要方式和重要内容，是对劳教人员进行教育矫治的基本手段，是一种以法律强制力为后盾的严肃执法活动。很显然，这样一项特定活动不可能是随意进行的，它的实施有严格的法律规定，只能由劳动教养执行机关及其人民警察在劳教人员法定教期内在特定习艺劳动场所执行。其他任何机关、任何个人都无权对劳教人员实施习艺劳动。

（2）坚持民警直接管理和指导是由劳教机关人民警察的特殊地位决定的。劳教机关人民警察是国家法律和政策的贯彻者，代表国家对劳教人员执行劳动教养决定，是对劳教人员进行习艺劳动和教育矫治的组织者和管理者。国家依法赋予了劳教机关人民警察对劳教人员习艺劳动的执法权，因此，只有劳教机关人民警察才是惟一合法的习艺劳动执法主体。劳教机关人民警察的这种特殊地位决定了对劳教人员的习艺劳动应该直接进行管理和指导，而不应该随意把这种执法权授予他人，尤其是让劳教人员来进行管理和指导，这不仅颠倒了执法者和被执法者的关系，是一种严重的违法行为，而且容易使劳动教养执法权旁落，在所内产生"所王所霸"，从而使习艺劳动目标落空。

（3）坚持民警直接管理和指导是由矫正劳教人员习艺劳动中的不良行为，维护正常习艺劳动秩序所决定的。习艺劳动的特殊性和劳教人员的消极性决定了劳教人员在习艺劳动中必然会产生一些不良行为。如果不对这些不良行为进行直接有效的控制和引导，就会导致习艺劳动秩序混乱。因此，民警对习艺劳动活动进行直接管理和指导就显得非常必要。通过民警的直接管理和指导，可以对整个习艺劳动活动进行合理监控和指导，使劳教人员在习艺劳动中的所有活动都纳入民警的视线之内，可以使民警全面、直接、真实地掌握劳教人员习艺劳动情况和劳教人员的教育矫治表现，这不仅为民警及时控制习艺劳动中的异常行为提供了便利条件，而且可以为习艺劳动教育提供大量可靠的素材和信息。

2. 贯彻民警直接管理和指导原则的基本要求。

（1）民警要切实履行职责，对习艺劳动的全过程实施直接的管理和指导。对劳教人员习艺劳动进行直接管理和指导，既是民警的特定权力，也是民警必须履行的一项重要职责，凡属民警职责范围内的工作都必须亲自去做，决不允许由他人越俎代庖。民警要亲自带领劳教人员出工，亲自布置劳动任务、劳动要求和注意事项。在习艺劳动中，民警要在劳动现场亲自督导和监控，发现问题要及时纠正和指导，民警不能私自脱岗，更不能在远离劳动现场的地方凑在一起娱乐聊天。劳动结束后，要利用收工点名之机对当天的习艺劳动情况进行评定，指出成绩和不足，表扬先进、鞭策后进，抨击反改造行为。

（2）民警要正确运用国家赋予的习艺劳动执法权，杜绝用"拐棍"进行管理。习艺劳动是我国劳教机关对劳教人员执法的主要方式和重要内容，习艺劳动的执法权根据法律规定国家赋予劳教机关人民警察来行使，因此，劳教机关人民警察对这项重要的权力必须亲自直接行使。在习艺劳动实践中，曾经发生过极少数民警利用"拐棍"进行管理，这是极其错误的。"拐棍"往往被其他劳教人员称为"二管教"，利用"拐棍"对劳教人员习艺劳动进行管理危害极大。用"拐棍"进行管理，容易使民警养成懒惰作风，助长官僚主义；容易使民警偏听偏信，受骗上当，难以客观公正地处理劳教人员在习艺劳动中发生的问题；容易使民警执法权旁落，从而产生"所王所霸"，严重破坏习艺劳动秩序。因此，在习艺劳动中必须坚决杜绝用"拐棍"进行管理。

（3）建立、健全和落实民警岗位责任制，是贯彻民警直接管理和指导原则的重要保证。各劳教单位要建立健全严格的民警岗位责任制，尤其是基层民警岗位责任制，明确规定基层民警的责任范围和违反追究制度，并定期对民警落实和执行岗位责任制的情况进行考核评定，这样就能有效地贯彻民警直接管理和指导的原则。

第四章　劳教人员习艺劳动的条件

【案例介绍】

某省属劳教所四大队，以前单纯靠手工进行劳务加工，主要是给一些义乌的厂家组装打火机的机头、石英钟，包装圆珠笔、小孩子用的画笔，包袜子等零星生产项目，没有相对固定的生产项目。大队领导接到什么单子就做什么，生产随意性大，遇到市场不好、竞争激烈时还会出现生产断档的情况。所组织的生产劳动也是没有什么技术含量，体现不了劳教人员的劳动习艺性，而且纯手工加工业务劳动效益也低。

该大队为了摆脱困境，前两年经过市场考察，决定从提高产品技术含量入手，购进了一批缝纫设备，从事缝纫加工业务，并与一家国内知名的毛巾厂合作，保证了接单的稳定性。通过对劳教人员进行全员上岗培训，使劳教人员掌握了缝纫技能。由于生产稳定，且有利于掌握一定的生产技能，加上经济效益提高，大队也相对提高了对劳教人员的奖惩力度，大大促进了劳教人员参加习艺劳动的积极性。

工作任务一：劳教人员习艺劳动的项目选择

（一）基本原理

对劳教人员的教育改造是一个复杂的再社会化过程，它包括思想、行为、心理、意志、品格、法律观念、道德情操、价值取向、职业倾向、职业技能等诸多方面。组织劳教人员参加劳动，是劳教人员改造生活的一个组成部分。劳教人员生产的功能，主要有以下三个方面：①管理功能。以劳动生产为载体，组织劳教人员生产，是劳教生产在维护劳动教养场所的正常改造秩序方面所发挥的功能。②矫正功能。"劳动可以改造人"，其实质是教育功能，通过改造劳教人员思想，矫正劳教人员恶习方面发挥出来的功能。③习艺功能。是通过组织劳教人员进行生产活动和对劳教人员进行相关教育，使劳教人员在思维方式、思想观念、就业知识、劳动技能和健康体魄等方面更加适应现代社会要求的功能。其中管理功能是基础，矫正功能是主体，习艺功能是导向。

组织劳教人员参加生产劳动，也是为了解决劳教人员在职业取向、谋生技能方面的问题。劳教人员的就业技能的培训应成为劳教人员劳动的一个重要立足点。因为无论劳教人员在劳教期间劳动多么认真，都必须回归社会，如果没有相应的劳动技能，回归社会后将无法适应并融入社会。劳教人员可以通过劳动学得一定的职业技能，为今后的解教就业奠定基础。明确这一点，有利于从立法上明确劳教人员劳动的性质，从根本上确立"以人为本"的教育矫治理念。因此习艺性应成为劳教人员劳动的本质属性。

正因为劳教人员的生产劳动的习艺功能，我们在选择劳教人员生产项目时，要充分考虑这一点，始终坚持把劳动生产作为教育矫治劳教人员的基本手段，充分发挥其教育矫治、习艺功能，确保了劳动生产真正服从并服务于提高教育矫治质量这一中心工作。

（二）工作流程

要做好劳教人员习艺劳动项目的选择，劳教所应根据所处地域的生产特点，结合场所实际，紧紧扣住劳教人员劳动的习艺性这一功能来选择生产项目，组织劳教人员进行生产劳动。

1. 劳教企业组织生产的原则。

（1）立足于为劳教人员提供习艺劳动的需要。劳教人员参加生产劳动是对劳教人员教育改造的需要，习艺劳动是一种必需的教育手段。因此，在生产管理活动中，必须依照法律的有关规定，严格遵守立足于习艺劳动需要的原则组织生产。

（2）着眼于劳教人员解教后就业的需要。我国相关法律规定，劳教所应当根据企业生产和劳教人员解教后就业的需要，对劳教人员进行职业技术教育，经考核合格的，由劳动部门发给相应的技术等级证书。为此，我国劳教场所在组织生产劳动时，应特别注意：做好对劳教人员的生产技术教育工作；在生产过程中，根据生产岗位的需要，对劳教人员实行"择优上岗"，调动其学习生产技能的积极性；在搞好劳教人员职业技术教育的同时，积极配合劳动部门对劳教人员的技术等级考核工作。

（3）从劳教人员的实际情况出发。我国劳教场所在组织生产劳动时，很注重根据劳教人员教期的长短、年龄、性别、身体强弱、罪错性质、劳动技能特长等情况，在服从监管改造要求的前提下，尽可能作相应的安排。具体而言：①根据劳教人员不同情况，安排不同的生产岗位，进行不同的管理；②根据劳教人员情况变化和改造需要合理调配劳动力；③在组织劳教人员进行生产时，注意由轻到重、循序渐进。

（4）生产管理与思想教育的相结合。即在组织劳教人员进行生产劳动时，与思想改造结合起来，使劳动手段和教育手段相互渗透、相互促进、相辅相成，充分发挥生产劳动作为改造手段的重要作用。具体而言：①在组织劳教人员进行习艺生产的同时，结合进行政治思想教育；②在组织生产过程中，注意抓好对劳教人员的个别教育；③加强对劳教人员劳动的考核奖惩力度。

（5）劳教人民警察对劳教人员生产劳动进行直接管理。从我国劳教场所以往的实践来看，劳教人民警察既是监管教育改造工作的主体，也是组织管理劳教场所生产的主体。在实际工作中，劳教人民警察必须认真学习生产管理知识，努力提高自身管理素质和能力，并深入生产现场，坚持言传身教。

2. 劳教企业的习艺劳动项目选择要满足的要求。根据劳教企业组织生产的原则，劳教企业选择习艺劳动项目时，要满足以下几个要求：

（1）项目要有安全保障，符合相关环保、安全生产法律法规的要求。在引进习艺性生产项目时，要注重维护劳教人员的合法权益，严禁引进易燃、易爆、有毒、高危、高强度的项目。如果选择对环境有污染，有一定危险性的项目，就会给社会带来危害，给劳动教养场所带来不安全的因素，继而影响场所改造秩序，影响劳教人员的教育矫治质量。

（2）项目要有艺可习，能使劳教人员在劳动教养期间学到一定技能。劳动教养人员和社会上普通人相比，往往素质较低，加上劳动教养有一定期限，因此，需选择生产规模大小适当、工艺技术简单易学、熟练期在几天至一个星期左右、劳动力密集、业务相对稳定、有一定技术含量的项目，从而达到习艺的目的。

（3）项目要有利可图，能为劳动教养场所提供一定的经济支撑。这也是市场经济对劳动教养工作的要求。如果选择没有经济效益的项目，不但会加重国家的负担，而且也会加重劳动教养场所的负担，直接影响场所改造秩序，影响教育矫治质量的提高。因此，要选择经济效益好、有利可图的项目。

（4）项目要有教育矫治渗透性。劳动教养的目的，是把劳教人员教育改造成为社会有用之才。习艺劳动项目的选定，就要紧紧围绕教育人、改造人这个宗旨，因此，要选择适合于劳教人员教育改造的项目。

（5）项目要有区域倾向性。选择的项目合作方以在本地区或邻近地区的企业为宜，这样既方便了与厂方的联系、沟通和信息反馈，又能为解教人员就业提供便利条件。

由于劳教人员教期普遍较短，难以学习掌握周期较长、技术含量较高的生产项目和技术。一般来讲，在劳教人员习艺劳动的项目选择上，相对于劳务加工来说，那些技术含量高、产品附加值高的自主经营项目，由于投资规模大、生产周期长、能耗高，存在着较大的经营风险，不适合劳教生产。

3．劳教企业习艺劳动项目选择流程。

（1）劳教所可以组建"习艺性劳动项目评估小组（会）"，该小组成员应由各相关部门人员组成，包括大队、生产科、教育科、财务科等部门，小组成员最佳为5人或7人组成。

（2）评估小组负责对拟引进项目的安全性、习艺性、经济效益及项目方资信等一系列指标的评估，综合各指标优劣，得出评估结果，然后提交所长会议决策，确定是否引进。

（3）整个引进项目的程序要合理化、透明化，做到上下联动，才能使引进的项目既有习艺性，又能提高项目安全性和经济效益，使习艺性劳动强有力地补充劳动技能教育培训，丰富教育培训方式，全面促进劳动技能教育培训工作的持续发展。

例如，浙江某劳教所，生产项目主要有两大项：一是羊毛衫生产，二是服装加工。在选择这两个生产项目时，该劳教所主要考虑要符合以下四个因素：①属于老百姓生产生活必需品，消费量大，生产周期周而复始，不会断档，生产可全年运作；②有一定技术含量，但又不过于复杂，大部分劳教人员能够掌握其技术和项目；③属于劳动密集型项目，在所劳教人员人人都能参加生产劳动；④经济效益和社会效益比较显著。这两个项目自创办以来，不仅经济效益突出，社会效益也同样突出：①参加劳动的人员多且生产时间稳定，全年生产正常运转，充分发挥了劳教生产在维护场所的正常改造秩序方面的功能；②针织和服装加工在该省诸多地区都有相应规模的企业，劳教人员通过在劳教所培训获得的技术专长，完全有能力在解教后找到工作，实现劳教生产的习艺功能。

再如，广州某劳教所依据区域特点，专门选择了电子装接为主要项目来开展技能培训，全所有近60%的学员在从事此类项目的习艺劳动，使培训与实际操作紧密结合，增加了实践锻炼机会。另外，此类工种的技术含量相对较高，企业在社会上招录熟练工相对较难，而珠三角一带电子类企业较多，需求量相对较大。因此，该劳教所解教人员的就业率相当高。

（三）操作要领

1. 在引进生产项目时，我们要清楚地认识到不仅仅要将加工项目简单地引进来，而且要引进厂家的先进技术、工艺流程、管理方法与生产模式等，在组织生产劳动过程中予以消化、吸收。

2. 引进生产项目后，劳教所要做好接单工作，加强内部管理，创造良好的生产环境。

抓好接单工作。面对激烈的市场竞争，劳教所要认真做好市场开拓工作，以"接好单、接大单"为目标，努力确保生产的正常运转。一方面，积极与老客户联系，稳固接单渠道；另一方面，积极发展新客户，通过市场调查、电话联系、上门争取等方式，努力培植新的订单来源。

在内部管理上，创造良好发展软环境。从有利于劳教人员的教育矫治、习艺功能出发，努力创造一个良好的教育矫治和习艺场所：①注重企业文化建设。在生产厂区实行定置管理，统一制作各种标识，宣传标语、操作规程上墙，举办各种活动宣传劳动的"教育改造性和技能培训性"，使劳教人员积极地投入到生产劳动中，形成凝聚力。②实行片警制度。细化和完善中队一线管理民警职责，生产经营工作责任到人，杜绝不作为现象，有力地促进产量和质量的提高。③严格执行产品工艺、操作和安全规程；关键岗位、特殊工种 实行持证上岗。

创造规范有序的生产环境。生产现场管理是企业各项基础管理和专业管理在生产第一线的综合。通过实行标准化规范管理，有条件的单位可以进行 ISO 9001 质量管理体系认证，形成一整套完善的管理体系，提高生产现场管理力度。建立整洁的厂区环境，各种设备、物品实行定置管理，标志清楚。厂区和车间地面整洁，生产环境达到作业要求。现场流动物实行专人管理，每道工序都有责任人，做好各工序之间的衔接，减少或消除各种无效劳动。

3. 做好对管理民警的考核工作。合理制定考核指标，激发管理民警的积极性。每年年初，劳教所要制定工作责任制，综合考虑各种因素，确定每一年的工作责任制考核方案。经济责任制考核将各项工作分为思想政治工作、企业基础管理工作和管教目标管理工作三大项进行考核。同时，考核向中队一线民警倾斜，鼓励中队一线民警文明管理、科学管理，以管理促效益。

4. 做好对劳教人员的考核工作。首先，合理分配工种。在安排新入队劳教人员时，均经过初步筛选，区别对待（具体分年龄大的、身有残疾的或根据劳教人员的智力判断）进行工种的分配。对那些年老体弱或身有残疾确实丧失劳动能力的劳教人员，安排从事一些无劳动任务的工种，在宿舍或工场内打扫卫生、清理成品或半成品的线头等。其次，合理确定劳动定额。确定一个基本定额，其他产品根据工艺难度的不同，折算成标准定额。这样就有了一个统一、公正、公平的考核依据。在确定生产任务时，确保大部分劳教人员都能完成生产任务，生产任务完不成而罚分的劳教，人员比例一般只有 20% 左右。再次，劳动人员的劳动奖分考核。同一流水线中，由于劳教人员的技术等级不同，所以每人的劳动奖分也是各不相同的。这样确立了一个公平、公正的生产环境，起到了应有的激励作用。最后，对未成年劳教人员，严格执行《劳动法》的有关规定，对他们的生产任务减半考核。

（四）问题协调

有些劳教场所习艺劳动项目的针对性和实用性不强，劳教人员解教后，社会企业需求量不大，而且培训学习后缺乏实践锻炼、熟练度不够是劳教人员解教后就业率不高的一个主要原因。因此，劳教所对习艺培训项目要进行筛选和优化。

为了增加劳教人员解教后就业的机会，劳教所还可以成立专门的劳教人员就业指导中心，中心的主要任务就是通过建设、完善保障劳教人员解教后就业的有关制度，保障就业指导中心的有效运作，争取更多的解教人员能顺利就业。劳教所可以建立内部的"分析制度"、针对企业的"通报制度"和"招聘会制度"、与安置办的"联席会议制度"为内容的"四项制度"，根据社会和企业的动态及时掌握培训的针对性，通过与安置点企业的联系打消企业对招聘解教人员的顾虑，进一步解决"浪子"们回归社会后的就业问题。

要成功吸引企业到劳教所聘用解教人员就业，除了靠企业的社会责任感之外，还要发挥劳教所可以把劳教人员培训为熟练技术工的优势，为企业新聘员工缩短岗前培训时间，降低企业聘用社会人员的培训成本。

（五）实训规程

2003年初，某劳教所劳教人员数量居高不下，所党委研究决定恢复六大队的建制（5年前因劳教人数减少和当时所里主要生产项目规模扩大等因素，原六大队劳教人员全部调入另一个大队，只保留5个大队的建制）。该所应如何为该大队引进生产项目，组织劳教人员进行生产劳动，并达到劳教人员的习艺目的？

首先，进行市场考察和可行性分析。当时，该所已有一个主要的生产项目——羊毛衫生产，从适度分散经营风险的角度出发，决定引进另一生产项目。经过市场考察，决定引进服装加工项目。服装加工项目不属于易燃、易爆、有毒、高危、高强度的项目。服装加工属劳动力密集项目，业务相对稳定、适合集中劳动，便于管理、而且项目的熟练期在几天至一个星期左右，设备投入成本不高、易学、易掌握，有一定的技术含量，可以达到劳教人员习艺的目的。此外，从事服装加工项目的企业在本地区或邻近地区比较多，这样既方便了与厂方的联系、沟通和信息反馈，又能为解教人员就业提供便利条件。

其次，确定了生产项目后，派出人员进行管理培训。2003年2～3月，派出了3名管理民警，前往兄弟单位××监狱学习缝纫技术管理知识。

最后，组建管理团队，组织劳教人员进行生产劳动。2003年4月，开始筹建大队。由于选项准、筹建快、管理严，6、7月投入了试生产后，年底就形成了8条生产线、220台车位的生产规模，经济效益和潜在优势已初步显现。2004年，六大队进入了一个快速发展的阶段，本着边生产、边培训、边壮大的思路，至2004年5月，达到15条流水生产线，劳教人数达到600多人。当年就产生不错的经济效益，产量达到100.84万件，产值327.8万元，销售收入321.8万元，利润105万元，税金51.87万元。

截止到2008年，该队现有民警48名，工人4名，其中大队领导3名，大队部设财务、统计部门和政工、管教干事，下设两个中队，年平均在册劳教人员

428 名。2008 年共生产各类服装、裤子 280 万件（条），生产加工值 478.9 万无，利润 106.13 万元。

纵观该大队的成功之路，有六点经验值得借鉴：①有一个团结协作的大队领导班子，能做到政令畅通，管理上真正做到一级抓一级；②有一支吃苦耐劳、勇于奉献的民警队伍，民警队伍有一股勇于创业的精神；③有较为规范、较为完善的政工、生产、改造方面的管理制度，并且制度执行力度大；④能够充分利用经济杠杆的作用来调动民警职工的工作积极性；⑤内部做大、做强，发展规模效应，扩大接单面，带动了客户，形成了一个比较好的良性循环；⑥对犯人的管理到位、措施有力，充分调动了犯人的改造积极性，绝大多数犯人劳动态度好，劳动技能高。

具体加以阐述如下：

1. 大队领导分工明确、各司其职，充分调动发挥了股室和中队班子的作用。大队召开干工大会，首先大队支委会统一思想，大会上由大队主要领导发言；其余各部门会议，由分管领导召集，生产会议由大队生产、经营副大队长召集，中队生产副职参加；政工会议由教导员召集，政工干事和中队全面负责领导参加；管教会由大队改造副大队长召集，管教干事和中队管教副职参加，特殊情况扩大到中队每一位领导，这样既缩短了开会的时间，又提高了会议效率，同时又具有针对性，也确保了三大现场领导在岗，大队领导主抓各部门科室和中队领导，具体业务指导、检查由干事负责，并进行考核登记，例如，生产大队副队长具体负责抓内部生产，如生产现场管理指导，单子的分配、协调，交货期安排以及特殊情况的安排；生产干事负责质量和设备、安全。

2. 大队各项制度完善、规范，办法好，执行力大。

（1）对民警积极性的调动主要是采取经济手段调动。劳教所制定奖金分配方案向一线倾斜，对参与值班的中队的一般民警奖金系数核定为 1.2，其余大队民警为 1，中队副职为 1.4，中队全面负责为 1.8，大队领导奖金由监狱单独发放，大队正职与副职比例为 1：0.8，大队可以根据工作业绩对每位民警有 0.2 系数的浮动权。

生产上的奖金分为三块，基本奖、指标奖和超产奖三部分，基本奖人均 1000元，完成指标奖人均 6600 元，超产奖分段计算，每超一个 10 万元以内，奖 45％；超每两个 10 万元以内，奖 55％；超 20 万元以外部分，以 65％ 作为奖金数。

（2）中队采取片警制，采取一片一警，一般一个中队 8 名民警分为 6 个片，改造副中队长不参与具体分片，其余民警每人一片。生产副中队长与中队主要领导合管一片，同时负责全中队的生产协调工作，生产副中队长负责中队设备管理和消防设备管理，生产副中队长和中队主要领导必须有一名在劳动现场。

（3）大队对中队生产按加工值考核，每个中队核定人数 150 人，每人每天上交 35 元（按每周 6 天计），超过 150 人的，每人每天上交 15 元，大队按每批产品的单价具体分到前道、后道和缝制车间，大队每天对中队每个小组进行加工值计算，并且严格按工时计算。

（4）大队对中队集体和干警个人进行政工、改造和生产三项考核，采取 300 分制，即政工 100 分，改造 100 分，生产 100 分，每个方面均有具体考核细则，每月考核 1 次，次月 5 日公布考核情况。政工、改造、生产方面的制度均较完善，大到如执法执纪、廉政建设，小到诸如到岗情况、通讯开通及礼节礼貌等各个方面。到年底，大队依据每位民警三项的综合得分，从大队超产奖中提出相应的金额，视个人积分分配奖金。

另外，大队设有奖励措施，设有特别奖，每月按照政工、生产和改造三项考核排名，第一档每月奖励 100 分，第二档奖励 90 分，依次每档相距 10 分，最低的 50 分保底。本项奖分中队主要领导根据所在中队民警当月的具体工作绩效分配给民警个人，分配结果分别报政工、生产、改造部门备案。

（5）制度执行力度大。

第一，对加班的整治，中队每加班 1 小时，大队需支付每个劳教人员 1 元人民币，并且打入劳教人员账上，由生活科负责检查。同时管教三科督查，并且采取蹲点的办法查处加班超时问题，如果查到提早出工或延时收工，将被劳教所视为不守信用单位，不守信用单位在劳教人员的分配、奖金分配和劳教人员奖金等方面均受到限制，并且由各科室蹲点检查，直至整改。

第二，在厂区禁烟方面措施有力。进入厂区，包括办公室一律不准吸烟，首先大队领导带头不在工厂吸烟，如果民警要吸烟必须到厂区外面吸，客户到厂区也不允许吸烟，如劳教人员在工厂吸烟或带打火机到工厂将被扣分或送强化队集训；如民警违反规定吸烟，视情形进行相应处罚。

第三，严重质量问题扣罚力度大。发现少工艺、明显破洞等质量问题，大队生产股将以 30 倍的价格扣加工费，如造成衣服报废的按原辅料价格的 60 倍扣中队加工值。

3. 经营方式较好。接单主要以加工为主，同时也做少量的经销单，接单由大队大队长负责，接单时，主要按加工值估算要以每人每天 35 ~ 40 元的收入为准，同时，一般要求单子货期长、单子量大，一般是在 7000 件以上的单子。因为这样的单子大队可以安排到中队里的一个小组生产，生产时间长可以提高劳教人员的劳动熟悉程度，提高劳动工效。同时在单子衔接不好的时候，停产也只是某一两个小组，也有利于一个大队同时生产多名客户的订单，便于扩大客户队伍、提高知名度。也有利于同时为多名客户组织生产。如义乌一家公司提出包三大队 500 个车位，该大队领导没有同意，大队认为这样不利于扩大知名度和扩大客户队伍。该大队现拥有温州、绍兴、湖州、义乌等一大批客户，由于客户面的扩大，有利于大队对客户进行筛选，可以将单子交期急、价格低的客户筛选掉。随着客户面的扩大、接单面的扩大，很多客户自己找上门来，这给大队与客户签订合同也带来了好处，大队掌握了主动权，合同的签订也有利于本大队。同时给应收款的回收也带来了方便。去年该大队年底为零应收款。该大队在应收款方面一般采取带款来提货，到双方做熟了，采取出一批货、押一批货的办法，做经销单采取车到码头、拿到汇票下货。在做熟的情况下，一般在 40 ~ 50 天结一次账。

4. 对劳教人员管理方法得当，措施有力。对劳教人员管理采用三种手段，一是奖罚分；二是经济刺激；三是强制措施。

劳教人员考核采取累计结分制，依据教期累计分达到一定程度，报所部管理科减刑。劳教所管教三科根据每个人的改造生产总成绩情况给予评定各大队平均考核分，各大队有高有低，大队依据管教三科下达的平均考核分，按各个中队的改造、生产情况下达每个中队的月劳教人员平均考核分，中队之间有高有低，然后中队又将月考核分依据成绩好差下达到每个小组；每个小组由片警下达到每位劳教人员，这样既杜绝了民警乱送奖分，又提高了各大队、中队、小组的互相竞争的意识，能在劳教人员里面形成良性竞争的气氛。

劳教人员管理上还采取了经济手段，为了消灭劳教人员里面的贫富差距，劳教所规定每位劳教人员账上不能超过 5000 元存款，每月消费不得超出 300 元，这样就打消了一部分条件较好的劳教人员的优越性心理。同时大队对小组超额完成任务的小组进行奖励，大队将超出部分的加工值以劳动报酬的方式给劳教人员，这样也解决了一部分劳教人员条件差的困难，同时也提高了他们的积极性。

对劳教人员管理上还采取了强制措施，对劳教人员的管理杜绝打骂、体罚，但是管理非常细致、耐心，一般劳教人员违纪、完不成任务，首先采取谈话教育，并且谈话教育的时间长，心细、耐心，如教育不听、效果不好的汇报大队，由分管改造的领导找其谈话，如仍不听劝说、不听教诲，送劳教所严管队强化集训，这样既教育了劳教人员，同时也杜绝了民警违反相关纪律的可能。

5. 技术上大胆引进人才。该大队以采用外聘师傅为主的办法来提高大队的生产技术力量，各中队均配有一名责任师傅，责任师傅主要负责对中队的生产技术指导、质量管理和工序流水线的安排等工作，其余师傅归属大队统一管理，跟单师傅每人负责某一个或几个订单的全程质量跟踪和技术指导，中队民警按师傅的要求管理劳教人员。

6. 设备管理方面。设备管理设专人专管，对全大队设备统一协调安排，定期不定期检查相结合。

该大队对中队每年零配件付费核定在一定数额之内，超出部分要从加工值中扣罚。同时大队使用零配件由配件商提供，存放大队仓库，由大队安排专人管理，按使用实数，每月结算一次，大队不承担配件资金。配件商提供的材料非常全，除缝纫机线外的全部设备配件和低值易耗品，一般有：机针、修理配件，电器材料、润滑油、硅油、皮带、砂皮、划粉、铅笔、电热块等。

7. 企业文化方面，生产氛围、人文气息比较浓厚。无论在劳教人员生产区还是宿舍区，人文气息比较浓厚。工场区内合理的张贴着一些宣传劳动、诚信、安全等方面的标语，如"万贯家财缠身、不如薄技在手"、"劳动是一切社会病毒的伟大的消毒剂"、"爱国守法，文明诚信"、"责任重于泰山、隐患胜于明火"等标语。

劳教人员宿舍内，整齐有序，让人有一种到家的感觉，墙上张贴的是一些劳教人员自制的工艺品、宣传画，而没有硬邦邦的语言，每个宿舍大厅内都有一块写有"有事找警官"的牌子，以告诫劳教人员不要冲动、不要私了，有事找警官，能时时在劳教人员心中起到作用。

工作任务二：劳教人员习艺劳动的岗前培训

【案例介绍】

劳教人员潘某，在入教队经过一段时间的入所教育后，被分配到某劳教所一大队进行劳动教养。该所一大队从事羊毛衫生产，主要生产工序有横机、套口、缝工、缩毛、蒸烫、包装等。中队安排潘某到套口片学习，采用师傅带徒弟的办法，指配一名劳教人员担任其师傅。潘某跟师傅在边上熟悉套口设备型号、结构，了解常见型号套口设备的性能，熟悉羊毛衫套衫、开衫、圆领衫的套口工艺流程。3 天后，要求能上机进行实践操作，进行对针、空套等简单操作练习。10～15 天后，要求能做出成衣。期间对操作过程中出现的问题，如衣服的各种瑕疵辨别、掌握和如何避免问题，由负责套口片的检验员负责指导解决。生产过程中，针对工序特点进行专门的安全生产教育。

（一）基本原理

岗前培训是指劳动教养人员在习艺劳动上岗前，进行岗位技术培训，并经岗位技能考核合格后，方能上岗操作。

劳教人员的岗前培训一般分两个阶段：一是新入所时在入教队接受项目的技术理论培训；二是从入教队分配到各大队后进行的技术操作实践培训。

新分配的劳教人员从分配到中队到能相对独立操作，根据从事工种的不同，至少需要 1～3 个星期的时间。中队首先要做的工作是思想意识教育和灌输，使新劳教人员的思想与中队的管理意识相一致。

劳教人员的岗前培训是班组人员管理的重要方面，从意识、态度到技能、质量，"传帮带"、以老带新是直接、高效的培训方法。

（二）工作流程

1. 安置习艺劳动岗位。新收容的劳动教养人员，经过一段时间的入所教育分配到中队后，中队应给他们安置习艺劳动岗位。

习艺劳动岗位的安置，应根据习艺劳动任务、习艺劳动强度以及劳动教养人员的个人素质包括性格、体能、文化素质、能力倾向、特长等进行，确保劳教人员的工作与个人能力相适应，做到人尽其才，人尽其用。如女劳动教养人员、未成年劳动教养人员，适合强度比较低的习艺劳动岗位；身体素质好、文化程度较高的劳动教养人员，适合强度较大、技术含量较高的习艺劳动岗位。

习艺劳动岗位确定后，再把他们编入相应的班组。

2. 上岗培训。习艺劳动岗位安置后，在劳动教养人员上岗前必须进行岗前培训，目的是使他们尽快适应并掌握岗位技能。岗前培训的主要内容，应包括岗位操作要领、操作程序，安全生产、基本生产工艺、设备使用、维修、保养和消防设施的使用等。特殊工种和机械设备操作须持证上岗。

岗前培训的任务，应以实际操作为主：

（1）学会操作技能；

（2）掌握操作程序；

（3）懂得安全生产知识；

（4）明确习艺劳动对产品质量的要求。

岗前培训的方法有：

（1）师傅带徒弟法。即由懂技术的民警或职工直接教劳动教养人员进行操作与练习；或者由懂技术的骨干劳动教养人员或班组长在民警的指导下教他们进行操作与练习。

（2）集中培训法。即在劳动教养人员上岗前，由懂技术的民警对他们进行理论讲授，教他们实践操作。必要时可聘请合作方工厂、企业的技术师傅或技校老师对他们进行指导。

岗位培训结束后，应进行考核，合格者由当地的培训中心发给上岗合格证。

劳动教养人员在未掌握或熟练岗位技能前，应当禁止劳动教养人员单独上岗或独立操作。

（三）操作要领

针对当前劳教人员教期短、流动性大的特点，应制定周密详尽的培训计划。从劳教人员进入入教队开始，就分阶段组织劳教人员进行培训，尽量缩短培训期，延长熟练期。同时，针对劳教人员的文化水平和个体素质等差异性，在培训方法上体现层次性，以满足不同层次劳教人员的需要，克服当前"一锅煮"的做法。

1. 做好培训计划。一般来说，劳教人员岗位培训遵循下述流程：理论培训

→实际操作培训→综合考核→上岗作业→跟踪指导。为了顺利实施培训计划，应责任到人，实施前要召开会议，向新劳教人员及相关训练劳教人员说明，明确要求和期望。

做好周密的劳教人员培训计划并形成书面文件，明确培训的时间和内容、相关负责人、培训方法、培训资料、考核方法、上岗标准等。

2. 理论和实际操作相结合。新编队劳教人员培训的内容一般包括：ISO 9001质量体系基本知识、危险预知训练、作业指导书、量具使用、物料分类标志、设备操作、设备点检（部位和方法）、常见故障应对等等。

由于内容较多，所以要有计划、有步骤、有顺序地进行。除了安排上岗试做之外，还要安排脱岗专题培训（一般利用劳教人员的教育时间），理论和实际操作相结合，使劳教人员应知、应会。

3. 进行书面和实际操作考核。岗位培训期间每天要对新编队劳教人员的表现进行评价并书面化、公开化，培训后要组织必要的书面考试和实际操作考核，考试成绩透明化，考试后要进行针对性的辅导，该"回炉"的要"回炉"。

4. 利用"传、帮、带"培训新劳教人员。为了提高新编队劳教人员的培训效果，要善于调动各种力量，尤其是发挥熟练劳教人员"传、帮、带"的作用，建立完善的"传、帮、带"责任制。在重点保证安全的基础上，使新编队劳教人员尽快掌握岗位作业技能，达到独立上岗的目标。这样不但能达到化整为零、落到实处的效果，而且可以使新编队劳教人员尽快适应环境，融入班组。

通过开展新编队劳教人员岗位培训竞赛，奖优罚劣，激发新劳教人员的学习热情，促进良性竞争。对于劳动态度好、上手快、业绩突出的新编队劳教人员，可以将其成绩整理成文，在小组会、宣传栏进行宣传，还可以请本人总结经验、心得，与大家分享。

为了提高熟练劳教人员的积极性，确保"传、帮、带"的效果，可以将新编队劳教人员工作表现、培训考试、业绩考核和负责"传、帮、带"的劳教人员捆绑在一起，同奖同罚、荣辱与共。对"传、帮、带"成绩出色、方法独到的劳教人员，要给予适当的奖励，体现责权利对等原则。

（四）问题协调

1. 要保证劳教人员在入教队进行岗前培训的时间。新入所的劳教人员岗前培训一部分内容是在入教队完成的，而以往劳教人员的入所教育已形成了一整套完成的程序和内容，偏重于进行政策法规、行为规范、内务卫生教育和队列、内务训练，要处理岗前培训和劳教人员入所教育的其他内容的协调关系，为下一步到中队进行岗前技术培训打好基础。

2. 要创新岗前培训方式。要打破以往概而统之的教育培训方式，在注重实效上下功夫：①拓宽培训范围，一些自身个人素质较高的、平时表现较好的劳教人员可以作为劳教班组长后备人选参加培训，为下一步劳教班组长竞争上岗做好充分准备；②丰富培训内容，在岗前培训中注重加强所规队纪教育，通过明确班组长的职责任务、针对不同主题开展讨论等形式，提高履职认识，交流履职过程中的难题，共同探讨进一步加强班组建设的新方法、新思路。

（五）实训规程

在岗前培训教育中，要根据本所的习艺劳动项目（缝纫加工、羊毛衫生产等），采取请合作方技术人员授课和本所老师讲课相结合的方法，对劳教人员进行相关生产项目理论方面的培训，让他们一入所就接受规范化、标准化的技术培训。这种培训方法：①对生产项目来说针对性强；②要做到有计划性、系统性、全面性，缩短劳教人员习艺过渡期；③在全封闭的入教队进行技术理论学习，有效地克服了劳教人员下队后才学习劳动技术缺陷。

根据生产项目的需要，对关键生产环节有针对性地在劳教人员中培养技术骨干，在劳教人员中做好生产技术的"传、帮、带"工作。在缝纫加工、羊毛衫制作等习艺劳动中，在综合分析的基础上，把那些表现好、文化程度高、悟性较强的劳教人员作为技术骨干进行培养，有针对性有目的给他们"开小灶"，让他们在短时间内成为熟练技术工，然后由他们辅导解决其他劳教人员在习艺劳动中遇到的技术问题，使熟练掌握缝纫加工、羊毛衫技术由原来的半个月缩短到只需5~7天，真正做到了快、省、优、传、帮、带，形成了良好的习艺劳动风气。

通过职业技术培训，优化劳动力资源，做到人尽其用。在劳教生产的实践中，最重要的就是如何管理好、使用好劳教人员。要根据劳教人员的现实表现、文化素质、悟性程度、身体条件等综合情况与生产项目的技术含量、工艺要求、操作规程等综合情况相结合。在习艺劳动的实践中，贯彻人性化管理，做到人尽其才、人尽其用。

工作任务三：劳教人员习艺劳动的定额确定

（一）基本原理

为进一步深化依法治所工作，规范劳教人员劳动定额管理，保护劳教人员合法权益，提高劳教人员教育矫治质量，要制定合理的劳动定额来考核劳教人员的劳动。制定劳动定额要以生产产品的难易为依据，以生产计划为基础，按一定的科学程序——综合平衡法予以确定各项生产计划指标；再根据生产的产品和生产规程，按设备定员，用分析核算法定额。对劳教人员的生产工种分配和劳动定额的确定要科学合理，应当根据他们的性别、年龄、体力、技术条件，按略低于社会同行业的定额标准适当确定，并注意发挥他们的特长，让他们有产可超，然后适度奖励，调动他们习艺劳动的积极性。

1. 劳动定额的定义。劳动定额，是指在一定的生产技术和组织条件下，为生产一定数量的产品或完成一定量的工作所规定的劳动消耗量的标准。劳动定额是组织现代化大工业生产的客观要求。在现代工业企业里，工人一般只从事某一工序的工作，企业内部的这种分工是以协作为条件的，怎样使这种分工在空间和时间上紧密地协调起来，这就要求必须以工序为对象，规定在一定的时间内应该提供一定数量的产品，或者规定生产一定产品所消耗的时间。否则，生产的节奏性就会遭到破坏，造成生产过程的混乱。

劳教人员的劳动定额，是指在一定的生产技术和劳动组织条件下，预先规定劳教人员必要的劳动消耗标准，完成一定量的产品或工作量。

2. 劳动定额的基本形式。劳动定额的基本表现形式有两种：

（1）时间定额：指在技术条件正常，生产工具使用合理和劳动组织正确的条件下，劳教人员为生产合格产品所消耗的劳动时间。时间定额＝耗用的工日数/完成单位合格产品的数量。时间定额的单位：工日单位/产品单位。

（2）产量定额：指在技术条件正常、生产工具使用合理和劳动组织正确的条件下，劳教人员在单位时间内完成的合格产品的数量。产量定额＝完成合格产品的数量/耗用时间数量。产量定额的单位：产品单位/工日单位。

时间定额和产量定额两者互为倒数关系。另外，还有一种看管定额，看管定额又称"操作定额"，是指一个劳动教养人员或一个班组，同时能看管机器设备的台数，或看管机器设备上操作岗位的数量。看管定额是一种特殊形式的产量定额，其基本原理是多机床管理，就是劳动教养人员利用某一台机器设备的机动时间（如机床的自动走刀时间）去完成另一台或多台设备上手动时间的工作。机器设备的机动时间越长，工作手动操作时间越短，劳动教养人员能够看管的设备台数就越多。因此制定看管定额的前提条件是：每台设备的机动时间必须大于或等于劳动教养人员看管其他设备所需手动时间的总和。

工业企业采用什么形式的劳动定额，要根据生产类型和生产组织的需要而定。产量定额主要适用于产品品种少的大量生产类型企业；看管定额一般被纺织企业采用。

3. 劳动定额制定原则。

（1）劳动定额制定应根据现有的生产设施、技术条件和劳教人员的劳动时间、熟练水平等客观实际，保持其科学性、合理性。

（2）劳动定额确定要确保在规定时间内，大多数劳教人员均能完成和超额完成，严禁出现"超时、超体力"才能完成的高定额现象。

（3）应根据劳教人员的性别、年龄、体质强弱、文化程度、技术水平以及将来解教后就业的可能趋向等不同情况，适当地安排不同工种的劳动，制定合理的劳动定额。

4. 劳动定额的作用。劳动定额是劳教企业管理的一项重要基础性工作。在劳教企业的各种技术经济定额中，劳动定额占有重要地位。正确地制定和贯彻劳动定额，对于组织和推动企业生产的发展，具有多方面的重要作用。

（1）劳动定额是劳教企业编制计划的基础，是科学组织劳教人员进行生产劳动的依据。劳教企业计划的许多指标，都同劳动定额有着密切的联系。例如，制订生产计划时，必须应用工台时定额，以便把生产任务和设备生产能力，各工种劳动力加以平衡；在制订劳动计划时，要首先确定各类人员的定员、定额；在生产作业计划中，劳动定额是安排劳教教养人员、班组以及车间生产进度，组织各生产环节之间的衔接平衡，制定"期"、"量"标准的极为重要的依据；在生产调度和检查计划执行情况过程中，同样离不开劳动定额。在科学的组织生产中，劳动定额是组织各种相互联系的工作在时间配合上和空间衔接上的工具。只有依据先进合理的劳动定额，劳教企业才能合理地配备劳动力，保持生产均衡地、协调地进行。

（2）劳动定额是挖掘生产潜力，提高劳动生产率的重要手段。劳动定额是在总结先进技术操作经验基础上制定的，同时，它又是大多数劳动教养人员经过努力可以达到的，因此，通过劳动定额，既便于推广生产经验，促进技术革新和巩固革新成果，又能促进一般的和后进的劳动教养人员提高技能水平。先进合理的劳动定额，可以调动广大劳动教养人员的劳动积极性，充分挖掘自身潜力，不断提高劳动生产率。

（3）劳动定额是劳教企业经济核算的主要基础资料。经济核算是企业管理中的一项重要的工作，它是实现勤俭办企业和加强企业经营管理的重要手段。每个企业都要对各项技术经济指标，严格地实行核算。企业的经济核算，一方面要求生产更多更好的产品，以获得较好的效益；另一方面还要尽量节约生产中的活劳动和物化劳动的消耗，严格核算生产的消耗与成本，不断提高劳动生产率，降低成本，为企业增加积累。定额是制订计划成本的依据，是控制成本的标准。没有先进合理的劳动定额，就无从核算和比较。所以劳动定额是企业实行经济核算、降低成本和增加积累的主要依据之一。

（4）劳动定额是衡量劳动教养人员劳动表现，合理进行奖惩的重要依据。劳教所必须把劳动教养人员的劳动态度作为评定奖励的依据，做到多劳多得、少劳少得、不劳不得。劳动定额是计算劳动教养人员劳动量的标准。无论是实行计时或计件工资制度，劳动定额都是考核劳动教养人员技术高低、贡献大小、评定劳动态度的重要标准之一。没有劳动定额，就难以衡量劳动业绩，合理地进行分配。

（二）工作流程

1. 确定领导机构与职责。

（1）劳动定额管理实行所、大队两级管理。

（2）企业管理办公室负责全所劳教人员劳动定额管理工作，主要职责是定期检查监督各大队劳动定额的执行情况。

（3）大队成立劳动定额考核小组，负责大队、中队的劳动定额管理工作。劳动定额考核小组由大队的主要领导担任组长，由大队分管生产、管教的领导担任副组长，成员由大队财务、统计、内勤、中队领导等人员组成，主要职责是执行本所有关劳动定额管理制度，制定、修订产品及辅助生产劳动定额，并及时记录，建立台账。

2. 制定劳动定额的要求和方法。

（1）制定劳动定额的要求。制定劳动定额，总的要求是全、快、准。"全"是指工作范围的要求，凡是需要和可能制定定额的工作都要定额。"快"是指时间上的要求，就是要简便、工作量小，能迅速制定出定额，及时满足生产需要。"准"是指质量上的要求，即定额水平要先进合理。如果定额水平不够先进合理，即使制定定额很全、很快，也不会发挥定额的积极作用。

所谓先进合理，就是制定的定额要在已经达到的实际水平基础上有所提高，在正常生产条件下，经过一定时期的努力，大多数职工可以达到，部分先进职工可以超过，少数后进职工也能够接近以至达到的水平。这样的定额才能保证劳动生产率的提高。制定定额的水平过高或过低都是不对的。为了保证定额水平能够先进合理，在制定定额时必须符合三条要求：

第一，确定一个产品或者一项工作的工作消耗，必须要有科学依据。科学依据是指设计文件、工艺文件、质量标准、过去定额完成情况的统计资料，同行业同工种在条件相似情况下的定额资料等。

第二，要总结和推广节约劳动的先进经验，挖掘提高劳动生产率的潜力，保证定额水平的先进性。

第三，要保证相同工作定额的统一和不同工作（包括不同生产单位、不同工种、不同产品）定额水平的平衡。

在制定定额时，全、快、准应全面要求，但在实际工作中往往有困难。因此，要根据不同情况采用不同的定额制定方法。

（2）制定劳动定额的方法。

第一，经验估工法：由管理人员、技术指导和技术操作人员结合以往生产实践经验，依据图纸、工艺装备或产品实物进行分析，并考虑所使用的设备、工具、工艺装备、原材料及其他生产技术和组织管理条件，直接估算定额的一种方法。这种方法确定劳动定额快，使用灵活、简便易行、工作量小，也便于修改。在实际生产中，一般在单件小批生产中、在安排新产品试制或临时性生产任务时使用。

第二，统计分析法：这种方法是根据过去同类产品或类似零件、工序的工时统计资料，再分析当前组织技术和生产条件的变化来制定定额的方法。这种方法简单易行，工作量小，以占有比较大量的经济资料为依据，比经验估工法更能反映实际情况。凡是生产条件比较正常、产品比较固定、品种比较少、原始记录和统计工作又比较健全的情况，一般都可以用这种方法。

第三，类推比较法：以现有产品定额为基础，通过对类似产品或工序进行分析比较，采用类推方法确定出新的同类产品或工序的劳动定额。这种方法是以生产同类型产品或完成同类型工序的定额为依据，经过对比分析，推算同系列的定额，具有明显的可比性。如果缺乏可比性，就不能采用类推比较法来制定定额。类推比较法含有经验估计法的成分，因为对比分析时，会有凭主观经验估计和推算的成分。

第四，工艺测算法：以工艺图纸和设备的操作速度为基础，确定各工序、部件的作业时间，换算成劳动定额。

（三）操作要领

1. 劳动定额制定的步骤。

（1）据样品或工艺单，由技术人员和试样人员一起测定产品定额，上报大队定额考评小组审定。

（2）定额考评小组根据上报的产品定额，组织小组成员进行理论评审和实践（试生产）评审，确定产品定额。

（3）产品定额确定后，予以集中公示，统一记录，并建立规范台账，统一保存。

2. 劳动定额的执行。劳动定额制订以后，必需组织定额的贯彻执行。贯彻执行劳动定额要加强思想政治工作，要发挥骨干劳教人员在定额管理工作中的模范带头作用；加强定额考核分析工作，随时掌握劳动教养人员达额情况和存在的问题，及时研究解决；要切实贯彻执行各种重要的技术指标，及时地鉴定、总结和推广合理化建议；还要与发动劳动教养人员开展劳动竞赛密切结合起来；企业专业管理人员要深入现场调查研究，帮助劳动教养人员达到定额，保证定额的全面贯彻执行。

为了保证劳动定额的贯彻执行，同时给制定、修改定额提供可靠的资料依据，企业必须加强对定额完成情况的统计、检查和分析工作。

（1）要健全工时消耗的原始记录，分析工时原始记录的准确性。

（2）分析研究工时的利用情况。企业工时利用情况，主要通过劳动教养人员出工率及工时利用率两个指标来反映。工时利用的变化，影响着劳动生产率的高低。分析工时利用的目的，主要是找出工时浪费的原因，采取措施加以克服，以增加生产时间，缩短停工时间，增加有效工时，减少无效工时。

（3）分析工时定额的完成情况。从分析完成定额的情况着手总结先进经验，找出影响定额执行的各种因素，以促进劳动生产率的提高，并进一步掌握工时消耗变动的规律，为制定和修改定额提供依据。

3. 劳动定额的考核与检查。

（1）劳动定额管理作为民警执法工作的一部分，大队必须将民警分管中队或小组的劳动定额完成情况、台账资料管理等列入民警日常工作考核，加强管理和检查，提高劳动习艺管理的执法水平。

（2）劳动定额管理列入基层单位年度考核范围，加强对劳动定额的制定、修改、公示、考核、台账以及劳动定额水平等检查与考核，促进基层基础的规范化建设。

（3）根据劳教人员劳动定额完成情况，对劳教人员实施奖惩考核。

（四）问题协调

1. 习艺劳动定额的修订。当现行定额在执行中发生下列情况，对劳动定额水平影响较大时，中队应对现行定额提出修订要求。

（1）产品结构改变；

（2）原材料的材质、规格发生变化；

（3）工艺规程变动和加工工艺方法改变；

（4）设备和工艺装备变动；

（5）生产劳动组织改变；

（6）个别劳动定额与实际生产情况相差悬殊。

2. 习艺劳动定额的修订方法。

（1）定期修正法。即按月、季或年度为期，对日常劳动中定额的准确性进行分析、考查，从统计的资料中和现实习艺劳动中寻找不足，予以修正。

（2）临时修正法。即根据中队每个阶段的工作重点，对定额进行临时修正，以适应习艺劳动的需要。由于中队劳教人员经常发生变动，有新来的，有解教需顶替的，对这些人应施行临时性定额，并随他们习艺劳动技能的提高而作相应的调整。

（五）实训规程

1. 以独立工序划分的习艺劳动项目的定额确定。有的习艺劳动项目划分为几个工序，每个工序相对独立，每道工序的定额要具体确定。例如，某劳动教养管理所三大队以羊毛衫加工为习艺劳动项目，其中二中队负责羊毛衫生产前道生产工序，即横机生产。该中队该如何确定羊毛衫生产定额？

先对产品进行打样。一般羊毛衫生产都设有一个打样间，接到客户的订单后，先对产品进行打样。即让一名熟练工人（或熟练劳动教养人员）在横机上对产品进行试拉并计时，确定完成一件产品的时间，再按每天工作时间确定产品的定额。确定产品定额时，还可以根据经验估算法，对打样时间进行上下浮动，再确定该产品的具体定额。

2. 以流水线形式生产的习艺劳动项目定额的确定。例如服装加工，通过以流水线形式组织生产。每个流水点定额的确定，通常采用工艺测算法。由一个能熟练操作设备的劳教人员来操作该流水点的部件，民警在旁计时，再按工作时间确定定额。

某省劳教局《劳动教养人员计分考核与奖惩实施细则》（节选）

第三十六条 劳教人员在习艺劳动方面符合下列条件之一且出勤率达到劳教所规定指标的可给予下列奖分：

（一）有劳动定额能完成当月劳动任务的，每月可奖 5 ~ 10 分，在关键技术岗位完成当月劳动任务的，可奖 10 ~ 20 分。超额完成劳动定额的，可给予相应奖分。劳教人员月劳动奖分累计不得超过 30 分。

（二）无劳动定额，完成当月分配任务的，每月可奖 10 ~ 20 分；在休息日坚守岗位的，每天可奖 2 分。

（三）符合下列条件之一的，可奖 10 ~ 30 分：

1. 合理化建议被采纳的；

2. 及时发现生产事故苗头，避免事故发生的；

3. 在习艺劳动中有其他较好表现的。

（四）符合下列条件之一的，可奖 30～50 分，表现突出的可给予行政奖励：

1. 发明、革新或合理化建议取得成效的；

2. 获得地市级、省级、国家级现代化管理成果奖、科技质量成果奖的；

3. 在习艺劳动中有其他突出成效的。

第三十七条　劳教人员在习艺劳动方面有下列行为之一的，应给予罚分或行政惩罚：

（一）有下列行为之一的，应罚 3～10 分：

1. 无正当理由不完成生产定额的；

2. 无定额劳动劳教人员未完成分配任务的；

3. 当月消耗生产原材料超过规定指标的；

4. 违反工具保管规定，情节轻微的；

5. 违反质量管理制度，情节轻微的；

6. 其他违反劳动管理制度规定，情节轻微的。

（二）有下列行为之一的，应罚 10～30 分：

1. 消极怠工、偷工减料、弄虚作假的；

2. 不服从劳动任务分配或工种安排的；

3. 利用劳动工具及生产原材料私制其他物品的；

4. 以不正当手段换取劳动产品的；

5. 擅自把生产工具或生产原材料带离规定区域的；

6. 违反工艺要求和操作规程的；

7. 违反定置管理规定的；

8. 违反工具保管规定，情节较重的；

9. 违反质量管理制度，情节较重的；

10. 其他违反劳动管理制度规定，情节较重的。

（三）有下列行为之一的，应罚 30～50 分，情节严重的应给予行政惩罚：

1. 发现生产事故隐患，不及时报告或排除，放任事故发生的；

2. 对发生安全生产、设备事故负有直接责任的；

3. 私藏生产资料、产品和技术资料的；

4. 抗工、旷工的；

5. 违章操作造成严重后果的；

6. 违反质量管理制度，情节严重的；

7. 违反工具保管规定，造成严重后果的；

8. 有其他违反劳动管理制度规定，情节严重的。

第五章　劳教人员习艺劳动的组织管理（上）

工作任务一：劳教人员习艺劳动工作地的布置

（一）基本原理

劳教人员习艺劳动工作地的布置，是指为完成劳教人员习艺劳动任务，根据劳动保护和场所安全管理的有关要求，进行习艺劳动工作场地的科学布置，包括生产工具的设置，原材料的分类摆放（物品的定置管理），场地物流及人员通道设计，场地文化布置和消防通道设计等。

劳教人员习艺劳动工作场地，是劳教人员接受劳动教育和劳动技能培训的主要阵地，既具有一般社会劳动工作地的共性，又与社会劳动工作地存在着明显的不同。两者的区别主要在于：①参加劳动的对象不同。社会劳动工作地的劳动者，是社会一般公民，而劳教人员习艺劳动者是具有一定违法罪错行为，受到国家有关法律制裁的特殊公民。②参加劳动的目的不同。社会劳动者的目的是通过劳动获得相应的劳动报酬，劳教人员习艺劳动的目的主要是通过劳动的手段接受教育，达到习艺的功能。③劳动遵循的纪律规范不同。社会劳动者劳动所遵循的主要是劳动纪律和生产标准，劳教人员习艺劳动遵循的不仅是劳动纪律和生产标准，还要遵循作为违法人员所受到的人身限制和相应的强制管理要求。

因此，劳教人员习艺劳动工作地的布置，既要遵循社会一般劳动工作地的布置要求，又要根据自身的特点，符合劳动教养人员强制性管理的要求。为此，劳教人员习艺劳动工作地的布置要遵循以下原则：

1. 要符合教育矫治的强制性要求。劳教人员是具有一定违法罪错行为的人员，作为最严厉的行政处罚措施，劳教管理机关具有维护场所安全稳定的重任，劳教人员习艺劳动工作地作为劳教人员三大管理现场（生活现场、学习现场及劳动现场）之一，它的布置，必须首先考虑安全管理的需要，能够使劳教人民警察依据良好的所政管理硬件设施和科学的内外部环境布置，确保劳教人员在习艺劳动工作地接受劳动教育和思想矫治。

2. 要符合劳动教养生产安全的需要。生产安全是确保劳教人员习艺劳动顺利进行的前提，没有生产安全就谈不上习艺劳动，在对劳教人员习艺劳动工作地布置时，生产安全是重中之重：①在生产设备的安装、原材料的摆放、生产工具的固定等方面，都要根据劳教人员的特点，做到科学设置；②要特别注重符合消防安全的需要，劳教人员习艺劳动一般以集中劳动为主，作为人口密集型的劳动场地布置，必须依据国家有关消防安全的法规，开辟应急消防安全通道，做到有备无患。

3. 要符合生产流程和定置管理的需要。要根据生产产品的特性、工艺、流程，设置劳动设备、仓库、原材料等不同的位置，使其具有生产劳动的便利性。特别是要符合生产区域定置管理的要求，达到生产区域环境优美、物品摆放有序，以便于劳动生产开展目的的实现。

4. 要符合思想教育，习艺技能培训的需要。劳教人员习艺劳动，最终目的是通过劳动手段，让劳教人员接受劳动思想教育，培养正确的劳动观，使其在劳动中掌握一定的习艺技能，为回归社会从新就业创造条件。因此，在习艺劳动工作地的布置过程中，要充分考虑劳教人员接受劳动教育的特性，让劳教人员一进入劳动场地，就能亲切感受到党和政府对劳教人员的关怀、要求和期望。

（二）工作流程

1. 确定劳教人员习艺劳动工作地布置的目标任务。①为劳教人员提供一个内外部环境优美的习艺劳动场地；②劳教人员习艺劳动工作地现场要做到既相对封闭，又宽敞明亮，符合安全管理的要求，便于习艺劳动技能培训开展；③劳教人员习艺劳动工作地的劳动设备要设置科学，排列有序，便于生产流转和人员流通；④劳教人员习艺劳动工作地应体现积极向上、鼓舞士气的劳动文化氛围。

2. 根据已选的劳动项目，详细了解习艺劳动人数、生产流程的特点，以及已建或在建的习艺劳动厂房的结构、位置等。

3. 设计习艺劳动工作地布置平面图和定置管理图。根据习艺劳动项目、生产流程内容和提供厂房的面积，设计习艺劳动子项目区域图、劳动设备摆放位置

图、物流、人员和消防通道以及卫生间、谈话室、机修工具间、辅料房等设置图
（定置管理图）。

4. 科学论证。邀请有关生产权威部门、行业主管部门和有实践经验的同志
组成评估论证小组，对习艺劳动工作地布置设计平面图进行科学评估、论证，弥
补不足，以期达到尽善尽美。

（三）操作要领

劳教人员习艺劳动工作地的布置要根据习艺劳动工作地设计平面图（定置管
理图）和劳教所整体规划进行。

1. 整体环境的布置。劳教人员工作地的布置一般以一个中队或两个中队为
一个单元（车间或厂房）布置为宜。无论从事何种产业，都要注意车间内部的
通风和冬夏季的保暖和降温方便，车间周围应根据所在地域的气候、土壤条件种
植合适的花草树木，并注意道路的通畅和与其他车间的联系方便。车间应开设两
个大门，一个是人员进出和物流的通道，另一个是消防安全通道。

2. 车间内部布置。

（1）劳动设备的摆放应整齐划一，密度以便于操作为宜。车间墙面上要悬
挂必要的操作规程和各种积极的标语、图案，可以悬挂音响设备，让劳教人员在
劳动中体会快乐的感觉。窗户上要配挂合适的窗帘，并在一些位置摆放盆景和
植物。

（2）车间内应标明明显的区域界线，主要为人员通道、物流通道、生产资
料的存放以及生产工具保管室等，对劳教人员个人用品也要设置一定的储物柜。

（3）车间内物流通道的设置要充分考虑产品的生产流程，力求生产组线顺
直短捷，尽量避免交叉倒流，使产品运转符合生产流水线的要求，使材料的运输
更方便，缩短运输距离。

（4）车间内要设置卫生间、谈话室等辅助用房，便于民警对突发事件的处
理和劳教人员的生活。

（四）问题协调

劳教人员习艺劳动工作地是劳教人员接受教育和劳动技能培训的主要阵地，
一个良好的习艺劳动工作环境，对教育矫治劳教人员具有十分重要的现实意义，

但由于受经济条件限制和其他一些客观因素的影响，实践中，劳教人员习艺劳动工作地布置要注意解决以下问题：

1. 习艺劳动场地过分拥挤。一些劳教单位为节约成本或所谓的便于集中管理，在一个空间内安排过多的劳教人员劳动，造成劳动场地拥挤不堪，易引发劳教人员之间的矛盾，并给民警巡视造成一定的困难，由此形成管理上的安全隐患。

2. 通风设备差。劳教人员习艺劳动具有密集型劳动的特点，少数劳教单位容易忽视这一特点，没有把通风作为一项改善劳动环境的内容来重视，造成劳动现场空气浑浊。

3. 缺少消防通道的科学布置。由于受管理"强制性"观念的影响，少数劳教单位出于安全防范的需要，对消防安全缺少足够重视，认为开设消防通道就要有人把守，浪费人力，或认为房子是钢筋水泥材料，所从事的行业又不是易燃物品，不可能会发生火灾等，对消防通道设置应付了事。

（五）实训规程

某劳教所三大队按照上级要求，拟将原从事室外劳动的150余名劳教人员转入室内从事服装生产，所里提供该大队一座2800余平方米的旧仓库作为车间厂房（工作地），要求该大队在20日内完成对车间（工作地）的布置，并及时开工生产。安排如下：

（1）根据服装生产流程，拟将2800余平方米工作地划分为三个主要区块：①前道区，主要存放原辅料和裁剪，约300平方米；②中间区，主要安装缝纫机设备，约1700平方米；③后道区，主要整理、包装、蒸烫等，约500平方米；④在车间右侧设谈话室，机修工具室，辅料室，卫生间等，约300平方米；⑤右侧开车间大门，左侧开消防通道。

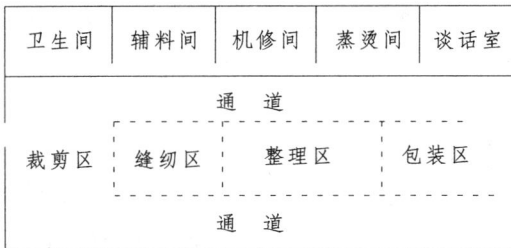

卫生间	辅料间	机修间	蒸烫间	谈话室
通　道				
裁剪区	缝纫区	整理区	包装区	
通　道				

（2）在车间墙面上制作悬挂劳动纪律，生产操作规程，劳动产量完成表，定置管理图等。

（3）在车间四角悬挂音响设备，给窗户安装合适的窗帘，在卫生间等部位摆放合适的绿色植物和花卉盆景。

某所习艺劳动定置管理规定（节选）

第三条　定置管理的原则

（一）系统性原则

定置管理应系统地分析各要素之间的相互关系，经过设计、调整生产现场的人、物、信息处于最佳结合状态，以满足工艺流程的需要。

（二）实效性原则

定置管理应坚持从实际出发、因地制宜，使管理形式与内容相统一，充分利用现有条件，少花钱、多办事，贯彻好节约原则。

（三）标准化原则

按照简化统一、协调优化的标准化原则，实现设备、器具、工具箱等标志的科学化、标准化。

（四）安全性原则

定置管理应以安全为前提，做到操作安全，物品摆放稳妥、防护得力、道路畅通、消防方便，并且符合环境保护和劳动保护规定标准。

（五）动态性原则

定置物及定置场所应随着生产、经营等的变化而变动。

第四条　定置管理的基本要求

定置管理的基本要求：一是划清定置管理范围，实行定置管理责任制；二是物品摆放优化定位；三是与习艺劳动、日常工作无关的物品，一律不得摆放在习艺劳动现场；四是制定室内物品平面定置图；五是各类物品要有完整规范的标签、标志。

第五条　定置管理的内容

（一）生产现场的定置管理

1. 区域划分的定置要求。按生产运行区域和工艺流程对生产现场的划分进行定置，设立生产区、检验区、堆放区，确定本区域各种设备、工器具和材料的位置及存放区。

2. 设备的定置要求。生产现场内的设备、工具和仪器，要通过合理划分工序，机位有效配置（以物料流转快捷为原则，避免回流、混流），实行标准化、规范化定置。

3. 非运行物品的定置要求。对非运行的设备、备用品、废弃物（垃圾）、绿化区等确定定置区域，定置后不得随意变动。

4. 流动物品的定置要求。对周转工具、面辅材料、半成品、成品、待处理品等流动物品要按区域分类定置摆放，用后及时清理、收回，以保证现场整洁，道路畅通。

（二）仓库定置管理

1. 库房内储存的物品，均按物品类别存库，分区定置，按物资的品种、规格、型号性能，因素等区别存放，按"四号"定位（库号、柜号、层号、位号），"五五"摆放（按五个为一个记数单元进行摆放）的要求，做到齐、方、正、直，保证安全，领取方便，账、卡、物相符。

2. 成品存放要按产品系列划分区域，进行定置，并悬挂标识牌，要与待检、返工、报废品区别存放。

3. 易燃、易爆、有毒物品要进行特别定置。

4. 库房内通道畅通、温度适宜、清洁整齐，禁放与生产经营无关的物品。

（三）工具柜与资料柜的定置管理

1. 工具柜内物品要按上轻下重、精密粗糙分开、取用方便、存放安全、互不影响的原则定置。

2. 工具柜内只允许存放工具、量具等与生产经营有关的物品。

3. 物品定置后，要依次编号，排列有序，号码与定置表标注相符。定置图、表贴在工具柜门背后。

4. 资料柜内的合同、工艺单、出入库单、检验记录、客户资料、文件和报表等要分类放置，按时、按序装订成册，资料每册有目录及顺序号，对应资料编上顺序号。

（四）习艺劳动区办公室定置管理

1. 办公室内各种物品要按规定摆放整齐，个人物品与办公物品分开存放。

2．办公桌上可定置电话机、台历、茶杯、文具和电脑等，除办公时间外，一律不摆放文件、书报、资料等。

3．办公桌玻璃板下，可放电话号码、年历及与工作有关的图表，要求摆放整齐，不得放置与工作无关的照片、图表、画报等。

（五）展示板定置管理

1．展示板的形式。展示板可根据现场实际情况设计和制作，必须全所统一，板面布局合理、紧凑、朴实。

2．展示板的设置。生产现场的展示板统一建立三板制，包括现场定置管理图板、生产进度展示图板、综合管理图板。

3．现场定置管理图板。生产需要的设备及工具均应反映在定置图上，凡定置图没有的，均视为生产不需要，应清除出生产现场。

4．生产进度展示图板。生产进度展示图板应反映当日产量，订单完成情况和劳动竞赛优胜情况等。

5．综合管理图板。综合管理图板，板中应反映质量环境管理体系控制点、质量规范和设备管理等情况。

（六）特别定置管理

在实施定置管理的同时，要把习艺劳动区安全、质量问题突出出来进行特别定置管理。

1．特别定置管理的内容。

（1）易燃、易爆、放射、有毒、异味、挥发性强，对环境和人身产生不良影响的物品。

（2）安全帽、绝缘手套、安全标志牌、消防器材等安全用具等。

（3）保密合同、工艺单等资料。

2．特别定置管理的要求。

（1）要有特别存放的场所，危险品必须定置在对人与生产设备不会造成危害的地方；消防器材位置要严格按定置图存放，符合消防管理的要求。

（2）要有特别的物品标识，对危险品及其存放场所要悬挂规定的危险品标识牌或示意图等。

（3）要有特殊的管理办法，如对易燃、易爆和有毒类的物品，要有专人管理，库房或柜门要上锁；消防器材的配置、定置和管理由生产经营科负责，消防器材的定置变动要得到生产经营科的同意。

第六条　定置图的绘制

（一）定置图的种类

定置图包括：习艺劳动区定置总图、区域定置图、库房定置图、办公室定置图、工具柜定置图和资料柜定置图等。

（二）定置图的绘制要求

1. 定置图可按正视、俯视或立体示意图表示，要求做到简明、扼要、精练和完整。场所中需要定置物品的形状轮廓、尺寸比例、相对位置可大致准确，区域划分清晰鲜明。

2. 固定设备和物品，用粗实线绘出；可移动设备和物品，用虚线绘出；区域界线用细点划线绘出。

3. 定置图中所有定置物均用阿拉伯数字标识，并在明细栏中给出汉字对照表，设在图的右方或下方。

4. 习艺劳动现场与工作无关的欲清理物品，不要在定置图上出现。同时，随着工作情况的变化，定置图也应随之修改，使其符合实际。

第七条　检查与考核

（一）检查考核周期

所部定置管理领导小组对各大队定置管理考核为每季度一次，各大队定置管理小组应每月进行自查。

（二）检查考核内容

1. 各单位加强习艺劳动区定置管理工作，建立定时巡检制度，有定期检查考核记录。

2. 现场区域划分必须与定置图相符；区域内的物品放置整齐规范；安全通道界线明确清晰。

3. 一切与现场无关的东西，必须清理出现场，不许在现场存放。

4. 加工过程中，加工产品不落地，材料、半成品、成品整齐摆放在指定位置，不合格品与合格品严格区分，标志明显。

5. 边角余料不乱堆、乱放，必须放在回收箱或垃圾箱内，一个批次生产任务完工后必须立即清理出现场。

6. 不许在通道上作业，通道上无生产材料、周转箱和杂物。

7. 工作结束后必须清擦缝纫设备及工作台，保证设备、工作台干净无积灰、无杂物。

8. 工作结束后必须对个人周边的卫生进行清理和清扫，保持地面清洁。

9. 各类信息标志牌应按规定制作；每个操作者必须熟练正确使用各类信息标志牌。

10. 库房应建立定置台账；库房、货架、货位必须用标志牌标记；货物必须按标准高度、宽度堆放整齐。

11. 工具、量具必须按定置管理要求摆放，不得乱放。

12. 生产厂房内无乱堆、乱放，无卫生死角。

13. 工具箱、窗台、设备上洁净无物。

14. 门窗无破损，玻璃清净。

15. 水池洁净，无长流水，下水畅通。

16. 厂房周围清洁，不得有纸屑、痰迹、垃圾等，厂房周围走道平整、环境优美。

工作任务二：劳教人员习艺劳动的现场管理

【案例介绍1】

劳动教养人员张某、李某在习艺劳动车间内因琐事发生争吵，继而张某动手打了李某一拳。带班民警小王认为，此事严重影响了习艺劳动的秩序，立即对两人进行处罚，当场宣布张某罚30分，李某罚20分（按考核规定，罚10分即被延长劳动教养期限1天）。

带班民警小王对此事的处置是否适当？

带班民警小王对此事处置不够适当。

此事应先调查，待查清事实后再作处罚比较合适。

首先，民警小王应立即向中队值班领导汇报此事，并通过中队领导调集其他民警一同做好对劳教人员张某、李某的分别谈话和询问、笔录工作，详细了解事件的前因后果。

其次，向其他在场的劳教人员了解情况，做好旁证，在查清事实的基础上，再对劳教人员张某和李某进行谈话教育，指出争吵打架的危害，在提高张某、李某认识的基础上，责成每人写出检讨书。

最后，根据事实真相和考核规定，办理处罚手续，经中队领导同意再给予处罚，宣布处罚结果。

【案例介绍2】

民警王某、张某、李某在二楼习艺劳动现场执行带班任务，劳教人员陈某因连续两天未完成劳动任务，民警王某指使劳教组长林某去询问劳教人员陈某未完成劳动任务的原因，劳教陈某当即与劳教组长林某发生争吵并相互推搡，民警王某发现两人争吵后立即赶过去处理，对劳教人员陈某进行了严肃的批评和指责，陈某未做任何辩解，突然转身冲向未安装铁栏杆的窗户（铁栏杆因前两天需要修理正准备重新安装），跳下楼去，幸好楼层不高，陈某受了轻伤。

民警王某在带班过程中的行为是否适当？有哪些值得注意的地方？

民警王某在带班过程中的行为不当，严重违反了民警直接管理的要求，造成了一定的后果，应当给予一定的纪律处分。

（1）民警王某对劳教人员陈某未完成劳动任务的原因应该亲自了解，而不能指派劳教组长去了解，劳教组长只能在民警的直接领导下协助民警做一定的工作，不能替代民警执行任务，过分依赖劳教组长做工作，就有可能使劳教组长成为民警的"拐棍"。

（2）民警王某和其他带班民警，包括所在中队的领导，应该及时修缮窗户的铁栏杆，对窗户损坏的后果和隐患应该有预见性，如果有困难可以寻求上级组织或领导帮助完成。

（3）习艺劳动车间的门、窗是民警执勤的重点部位，在已知车间窗户损坏的情况下，民警值勤要把窗户作为值勤的重点进行守护。

（一）基本原理

劳教人员习艺劳动的现场管理，是指劳动教养执行机关，依据国家法律法规，对被劳动教养人的习艺劳动现场的具体监管、组织过程。劳教人员习艺劳动的现场管理，除管理的基本职能外，还具有法律的强制性。现场管理中，要采取必要的强制措施，制定具有法律效力的规章制度，确保习艺劳动现场生产的正常运转和秩序的安全稳定。劳教人员习艺劳动的现场管理要体现三个方面的原则：

1. 安全第一，习艺为主。劳教人员习艺劳动的现场，是劳动教养人员在劳动教养期间接受劳动教育和劳动技能培训的主要场所，是劳动教养机关对劳教人员落实"教育、感化、挽救"的劳教工作方针的主阵地，因此，确保一个安全稳定、秩序良好的习艺劳动现场，是劳动教养习艺劳动现场管理的基本任务，是劳动教养各项制度落实和贯彻的前提。劳教人员习艺劳动的现场管理安全，包括场所的管教安全和生产安全两个方面。管教安全主要是确保习艺劳动现场的劳教人员严格遵守国家的法律法规和劳教场所的纪律制度，确保劳动教养决定顺利实施，不发生诸如逃跑、斗殴、自杀等各类影响场所改造秩序和人身安全的案件。生产安全主要是确保劳教人员习艺劳动过程中的劳动安全，包括对劳动项目的安全度审核、教育、督促，现场检查劳教人员严格遵守劳动纪律和生产流程等操作规程，不发生因公伤亡事故。生产安全还包括消防安全，主要指确保不发生重大的火灾事故和群死群伤等重特大案件。

2. 教育为本，辅以效益。习艺是劳动教养人员习艺劳动现场管理的重要内容之一。让劳动教养人员在劳动教养期间学会一门习艺谋生的手段，是劳动教养机关教育挽救感化人的一项重要内容，也是确保劳动教养教育改造质量的重要措施之一。习艺劳动现场管理，要侧重于培养劳教人员习艺技能，使劳教人员在劳动教养期间尽可能的掌握一项谋生的技能，为回归社会再就业奠定良好的择业基础。劳教人员习艺劳动现场管理，与社会一般劳动现场管理有着质的区别。社会一般劳动的现场管理主要以企业效益为目的，其各项制度的出发点最终都是为企业获得更大利润服务的，而劳教人员习艺劳动的现场管理则必须坚持教育为本的理念，习艺劳动的目的是为教育矫治人服务的，因此，劳教人员习艺劳动的现场管理必须坚持教育为先的原则，任何管理措施都必须服务和服从于教育这一出发点。当然，由于质量合格的劳动产品是检验劳动成果的重要依据，是劳教人员习艺劳动具体成果的展现，因此，劳教人员习艺劳动的现场管理过程中，要有意地强调效益意识，以加强劳教人员获得劳动成果感的教育。

3. 民警直接管理。劳教人员习艺劳动具有法律强制性。因此，劳教人员习艺劳动现场管理必须坚持由民警直接管理，从而确保劳动教养制度的顺利执行。民警直接管理是指民警对参加习艺劳动的劳教人员实行面对面的不经过中间层次的管理。

（二）工作流程

（1）实行定置管理和民警直接管理。定置管理在习艺劳动方面的要求主要是指对劳动教养人员、习艺劳动设备、工具、原材料以及劳教人员劳动行为等进行科学、有序、规范地管理。民警直接管理是指对参加习艺劳动的劳教人员进行面对面的，不经过中间层次的管理。

（2）保持习艺劳动现场的正常秩序和良好的工作环境。

（3）正确合理地组织习艺劳动，以便于劳教人员进行操作；适当减轻习艺劳动强度、节约工时、提高习艺劳动效率，并保证习艺劳动产品质量；充分利用工作地的装备，尽可能节约习艺劳动的面积；有良好的工作环境和习艺劳动条件，保证劳教人员的安全和健康。

（4）做好习艺劳动定额和编制定员工作，强化习艺劳动考核。

（5）建立严格的交接班制度，明确各班组职责，加强各班组之间的协作，合理安排劳教人员休息。

（三）操作要领

1. 由中队值班领导或分管民警指定劳动岗位，安排劳动任务。在以工业劳动为主的习艺劳动现场，劳教人员习艺劳动岗位和劳动任务相对稳定，管理民警在保证劳教人员完成每日劳动任务的同时，更应注意产品的质量问题。

2. 由分管民警亲自分发或收回非固定的劳动工具，并按规定对分发或收回的非固定劳动工具进行登记、核对，然后上锁，存放在指定地点。劳教人员非固定劳动工具不允许带离规定地点，必须由民警亲自保管、分发和监督使用。由于非固定劳动工具一般都具有危险性，因此，应建立核查、领用签名登记制度，实行日发、日收、分类摆放。

3. 进行现场巡视。现场巡视是习艺劳动现场管理的核心内容，执行现场管理（带班）任务的民警必须坚持"科学、文明、严格、直接"的管理原则，正确履行职责。①按规定每小时清点一次人数，并做好签名记录。②不间断检查劳动工具，特别是刀、剪、利器、铁锤等固定情况。③根据定置管理的要求，督促劳教人员清理与习艺劳动无关的物品；督促劳教人员有序摆放劳动原材料和劳动物品。④制止习艺劳动现场劳教人员不遵守劳动纪律、乱走乱窜、大声喧哗、嬉笑打闹、打瞌睡等行为。⑤督促劳教人员严格遵守操作规程，不违章作业，注意生产安全，保质保量完成习艺劳动定额。⑥检查劳动设备运转情况，指导劳教人员正确使用设备，督促劳教人员厉行节约，杜绝浪费。⑦检查习艺劳动现场卫生情况，确保习艺劳动现场干净整洁。⑧防范和处置习艺劳动现场可能发生的斗殴、脱逃、自杀、违禁品流入（流出）等事件。

4. 每日检查习艺劳动现场所政设施完好情况，如门、窗、铁栏栅是否坚固，收工后厂房大门是否上锁等。

（四）问题协调

（1）习艺劳动现场管理民警要熟悉我国法律法规中有关劳动教养习艺劳动的规定，并结合具体情况贯彻执行。如认真参加相关法律法规知识学习；熟记民警一日管理工作规范和"十不准"、"十严禁"等规定；遇到问题能依法严格处理；等等。

（2）习艺劳动现场管理民警要了解劳教人员的思想、行为现状及其变化趋势，特别要掌握重点劳教人员在习艺劳动现场的思想和行为，进行早晚各一次的每日点评或适时的个别教育，要与换班民警进行相关情况的交接，掌握重点，防患于未然，遇有重大问题应及时处置并立即汇报上级。

（3）习艺劳动现场管理民警应掌握较高的习艺劳动技术水平，能亲自实践示范、指导劳教人员作业和习艺技能培训。

（4）习艺劳动现场管理民警在现场管理中应坚持原则，办事公道，奖罚分明，富有开拓创新精神，具有良好的领导艺术和工作方法。

（5）习艺劳动现场管理民警在习艺劳动现场管理中要坚决杜绝"脱管"现象。少数民警在现场管理中喜欢借故离开现场，认为离开一两分钟不会出什么事，而往往警力薄弱时劳教人员就会趁机"闹事"。

（6）习艺劳动现场管理民警在习艺劳动现场管理过程中要坚决制止过分依赖劳教"班组长"的作用。实践中少数民警会自觉或不自觉地过分依赖使用劳教"班组长"，让劳教班组长替代检查产量、质量，分配劳动任务等，这不仅违反了民警直接管理的规定，还会引发劳教人员间的矛盾，也是民警执法权的隐性转移，所以应坚决予以制止。

（7）习艺劳动现场管理民警在习艺劳动管理过程中要避免追求"效益第一"

的错误认识，偏离教育为本的目的。

附件一：

某劳教所习艺劳动现场管理制度

为了努力创造良好的改造秩序和习艺劳动环境，提高习艺劳动效率和经济效益，特制定本制度。

一、全体民警职工必须对习艺劳动现场实行依法、科学、文明管理，并按照各项规章制度实施。

二、全体劳教人员必须服从民警的管理，严格遵守各项规章制度，树立劳动重塑自我的观念，增强生产创造财富的意识。

三、劳教人员在思想改造的同时，正确树立劳动改造意识和产品质量意识，努力提高生产成品率，保质保量按时完成习艺劳动任务。

四、爱护国家财产，珍惜劳动产品，提倡节约，杜绝浪费，树立节约为荣、浪费为耻的意识。

五、严格遵守劳动纪律，不得擅离岗位，不得大声喧哗，不得打闹取乐，严禁无理取闹、消极怠工。

六、习艺劳动中必须按规定文明操作，牢固树立安全生产意识和自我保护意识，确保人身、设备、消防、安全生产等方面万无一失，真正做到生产无事故。

七、增强消防意识，习艺劳动现场严禁烟火。爱护消防器材，发现事故苗头、隐患及时报告，并采取有效的防范、整改措施。

八、全面推行定置管理，确保场所整洁，通道畅通，物料堆放定位、整齐、规范。爱护环境绿化，搞好厂区卫生，创造良好的改造秩序和生产环境。

九、民警职工在实施本制度中，因故而发生后果的，视情依据相关条款给予办理，直至追究刑事责任。

十、劳教人员在执行本制度中，如有违反者，视情按劳教人员考核办法的相关条款予以处罚，触犯刑律的，移交公安机关追究刑事责任。

附件二：

某劳教所工具管理制度（节选）

一、生产劳动工具的发放与收存

1. 劳教人员每天进入生产现场后，由分管民警将存放的工具当面点清后交给各劳动小组长。

2. 劳动小组接到工具后，将其分发到操作工手上。

3. 中午或晚上就餐前后，劳教人员必须做到将自己的工具放到自己的工具袋内，不准将工具随意乱放或携带，以免遗失。

4. 自己的工具不得擅自借给他人使用，如有工作需要借用的，必须通过分管民警，经同意后方可借用，用好后要及时归还。发现将工具随意借给他人者按《浙江省某劳教所劳动教养人员考核办法》处理。

5. 偷摸或乱拿他人的工具，按《浙江省某劳教所劳动教养人员考核办法》处理。

6. 听到下班号令，在 2 分钟内将工具上交劳动小组长，劳动小组长接到上交工具后应当面清点，检查是否完好无损，数量是否相对应，一切无误后，上交分管民警，经对照检查，点清数量后放入专用工具箱上锁，钥匙由分管民警保管。无故不上交者将严肃查处。

二、工具的保管

1. 生产车间工具统一由分管民警保管，劳教人员不得私自打开工具箱拿工具。

2. 建立劳动工具台账。新购的劳动工具设立入库、出库等手续，平时生产中应建立领发和存放手续，做到账和劳动工具的实际数量一致。

3. 大件工具由仓库保管员保管。

4. 对特殊工具使用，必须由中队批准方可使用。仓库保管员必须做好记录。

5. 仓库工具保管重地任何人未经中队允许不得以任何借口进入，否则追究进入者和仓库保管员责任。

6. 仓库保管工具，必须符合本所管理规范，做好工具三固定：定点、定人、定位。

7. 对发放到操作工手里的工具，每位操作工必须做到加倍爱护。对遗失工具要及时上报，未上报的，按《浙江省某劳教所劳动教养人员考核办法》有关规定处理。对拾到工具不上交，不报告，私藏违禁品者酌情处理。

三、工具的更换

1. 工具的更换要严格执行所部的有关规定，任何人不得随意更换。

2. 刀具更换必须经中队领导审批，以旧换新，并附更换说明书或报废说明书一份。

3. 对损坏工具者按价赔偿，正常破损的工具由小组长申请，报告分管民警审批，按规定步骤领取新工具。

工作任务三：劳教人员习艺劳动的分工与协作管理

（一）基本原理

劳教人员习艺劳动的分工与协作管理，是劳动教养执行机关根据劳动生产特性，在劳教人员习艺劳动中采取适当的形式，把从事各种局部性劳动的劳教人员联系起来，共同完成整体性生产劳动任务的过程。

（二）工作流程

劳动分工与协作是社会化劳动的一种形式，其功能不仅仅表现在对生产力的提高上，还表现在对人的劳动和团结协作意识的培养上。劳动教养机关组织实施劳动分工与协作，必须从有利于劳动教养人员的改造出发，符合劳动计划管理和规章制度的要求，并要结合劳教人员个体智力、体力、能力和劳动指挥调度，进行劳动分工协作的教育与监督，保证生产过程的连续性、协调性。实践中，劳动分工与协作管理要把握以下几点：

1. 劳动岗位分工要与思想表现情况相结合。劳教人员是特殊的劳动者，劳动岗位是劳教人员接受劳动教育的主阵地，由于不同的劳动岗位，具有不同的生产安全隐患和不同的劳动强度要求，因此，以思想表现为标准，分配劳教人员的劳动岗位，既是激励劳动进取心的一项措施，也是便于对劳教人员个体进行管理和监督的一种手段。

2．劳动协作要与考核改造表现相结合。不同的车间之间，不同的劳动岗位之间，不同的班组之间，必然为完成整体生产任务而发生联系，这种联系其实就是一种劳动协作关系，这一关系的和谐与否，直接反映的就是劳教人员之间团结协作互助的精神，这种精神是评价劳教人员改造表现的重要依据之一。

3．劳动分工与协作要与劳动生产效益相结合。评价劳动分工与协作的标准要与劳动生产效益相结合，劳动分工与协作既是根据劳教人员劳动特性所实施的一项工作，同时也是依据劳动生产特性而开展的。

（三）操作要领

劳教人员习艺劳动分工按不同标准可分为两大类：一类是根据劳教人员习艺劳动的生产特点进行分工；一类是根据劳教人员教育矫治的特点进行分工。

根据劳教人员习艺劳动生产特点的分工主要以简单分工的形式出现，如按不同的岗位分工、按不同的设备分工、按不同的人数需求分工等。根据劳教人员教育矫治特点进行的分工主要是考虑有利于劳教人员接受教育矫治的需要，如尽量避免同一地域的人员或同案人员安排同一岗位，尽量避免表现极差或极好的人员扎堆同一岗位，尽量避免技能或文化程度一致的人员安排同一岗位。均衡安排不同层次的劳教人员岗位，可以起到取长补短、互相促进的作用。

劳教人员习艺劳动协作在劳教人员教育矫治中占有十分重要的地位，它不仅是社会化大生产对劳动组织形式的必然要求，更是实现劳动对劳教人员教育矫治必不可少的环节。劳教人员习艺劳动分工不是目的，劳动协作才是真正的目的。劳教人员习艺劳动分工强调更多的是责任分工、工作分工、个人自主，培养的是劳教人员的独立意识，其价值取向是追求个人价值的最大化，但这一功能并不是教育矫治的根本目的，对劳教人员教育矫治的根本目的是通过劳动消除极端个人主义、树立集体荣誉观和感受团结互助所带来的成果，而劳教人员习艺劳动协作恰恰可以承担起这一重任。劳教人员习艺劳动协作，可分为空间协作和时间协作，空间协作包括车间之间、班组之间，以及班组内部之间的协作；时间协作则是各个习艺劳动成员与管理者之间的协作，包括服从班组之间轮换时间的规定、交接班手续、对机器设备、工具的移交配合等。

（四）问题协调

1. 防止分工简单化。少数单位在进行劳教人员分工时，不注重调查研究，简单了事，造成班组之间劳教人员素质差异过大，给生产过程中的劳动任务分配等造成困难。

2. 少数单位为求管理方便，尽量考虑以劳教人员个人劳动即能完成全套生产任务劳动项目，使得劳教人员无法亲身感受劳动协作所带来的团结互助的快乐。

3. 少数劳教人员个人主义得到负强化。个别劳教人员只要是个人分工明确的劳动项目就拼命地干，而需要通过协作完成或以班组集体计量的劳动项目就不肯多出力，生怕自己多干吃亏。

劳教人员习艺劳动是一项以教育矫治人为主要目的劳动，劳动教养机关在选择劳动项目的过程中，要有意识地选择需要劳动协作才能完成的劳动项目，使劳教人员通过劳动真正树立起良好的劳动观念，培养起爱集体、共互助的思想意识。

工作任务四：劳教人员的习艺劳动竞赛管理

（一）基本原理

劳教人员习艺劳动竞赛是指在劳教人员的教育矫治过程中劳教所运用比、学、赶、帮、超等竞赛形式，通过组织大队之间、中队之间、劳教人员小组之间，以及劳教人员个人之间的劳动竞赛，达到激励先进、鞭策后进、带动中间，促使劳教人员在劳动态度、劳动观念、劳动技能、劳动效率、劳动成果等方面都有所提高的劳动组织形式和方法。开展劳教人员习艺劳动竞赛的意义在于：

1. 有利于劳教人员劳动意识的培养。从劳教人员这一群体看，他们犯罪错很大的一个原因是好逸恶劳，缺乏劳动感情和劳动意识，在劳教所也缺乏主动劳动的意识。开展劳动竞赛就是让劳教人员在劳动竞赛中逐步养成主动劳动的意识，培养热爱劳动、劳动快乐的感情。

2. 有利于习艺技能的培养。劳教人员习艺劳动技能如何，是他们今后回归社会重新择业的重要条件，劳教机关在组织劳教人员习艺劳动时，有意识地通过劳动竞赛这种形式来提高劳教人员的习艺劳动技能，促使他们熟练掌握生产劳动技术，对于他们回归社会重新就业具有积极的现实意义。

3. 有利于生产效益的提高。通过劳动竞赛，可以使劳教人员的劳动产量在积极的竞争中得到明显提高，激发劳教人员创造财富的美好愿望。

（二）工作流程

1. 制定竞赛实施方案。组织习艺劳动竞赛的劳教所、大队、中队在组织实施之前，要本着教育矫治性原则、经济性原则和统筹兼顾的原则，制定详细的竞赛实施方案。

2. 进行广泛宣传动员。为确保习艺劳动竞赛能有序开展并取得预期效果，要以大队、中队或者劳教人员小组等为单位，组织劳教人员进行广泛的习艺劳动竞赛动员。由于劳教人员习艺劳动竞赛是教育矫治劳教人员罪错的重要措施，因此，作为组织劳教人员习艺劳动竞赛的劳教工作人民警察，一定要提高认识，做好宣传动员工作，切实让劳教人员懂得开展劳动竞赛的目的意义和基本要求，使劳教人员认识到劳动竞赛与自身思想改造、与自身前途、与学会做人的重要关系，排解和消除他们对劳动竞赛的抵触情绪和错误认识，使其不仅从思想认识上高度统一，而且以饱满的热情和激昂的干劲投入到竞赛活动中来，并努力在劳动竞赛中争先创优。

3. 习艺劳动竞赛的组织实施。宣传动员之后，宣布竞赛开始和结束时间，公布习艺劳动竞赛规则和监督检验标准及成员名单。本着公平、公正的原则，适当对劳教人员习艺劳动岗位进行相应调整，或者按原岗位以班组为单位开展竞赛。

4. 习艺劳动竞赛的监督验收和奖惩。劳教人员习艺劳动竞赛组织机构和监督检验成员对习艺劳动竞赛过程进行监督，并于竞赛结束后，按习艺劳动竞赛标准，对成果进行检验，确定优胜者。习艺劳动竞赛结束后，组织者宣布优胜者名单，按习艺劳动竞赛实施方案规定的奖励条件兑现相应的奖励。同时，要号召全体劳教人员向优胜者学习，在劳教人员中掀起习艺劳动比、学、赶、帮、超的热潮。对竞赛活动中表现较差或组织不力的小组和个人要进行适当的批评教育，以达到抑恶扬善、激励先进、鞭策后进之功效，使劳动竞赛与劳教人员个人利益和前途挂钩，促使劳教人员劳动竞赛制度永葆生机与活力。

（三）操作要领

1. 确定劳教人员习艺劳动竞赛的形式。劳教人员习艺劳动竞赛有多种形式，根据劳教人员习艺劳动的特点，劳动教养机关在劳教人员中开展的习艺劳动竞赛形式主要有以下几种：

（1）劳教人员之间掌握习艺劳动熟练程度的竞赛。在劳教人员入所初期，劳教所一般都会根据本所劳动生产项目内容，组织劳教人员进行生产培训，对某一类相同项目的劳动内容在培训一定时间后，进行熟练程度竞赛，以便促进劳教人员对习艺劳动技能的把握。也可以根据实际情况进行书面知识和实际操作相结合的竞赛。

（2）劳教人员间习艺劳动竞赛。根据不同生产内容，在同类生产项目中组织劳教人员开展以质量、产量为主要内容的劳动生产竞赛，这种竞赛可以细化到人，并可根据每个人完成合格产品的数量、效益，确定某一时段的优胜人员。

（3）劳教人员班组之间劳动效益的竞赛。有些劳动项目不适宜以个人形式开展竞赛，有些虽然适宜以个人形式开展，但劳教机关出于教育矫治的需要，把劳动能力参差的个人平均分配到各班组，以班组的形式开展劳动竞赛，更有利于劳教人员的教育改造和团队意识的培养，增进相互间的团结。班组之间的劳动竞赛，不仅注重个人的劳动能力而更加注重团队的创造力，主要看劳动效益的高低。

（4）中队与中队、大队与大队之间的安全生产竞赛。主要以中队或大队为竞赛单位，开展生产效益与安全生产的各类竞赛，在安全生产的前提下，考核生产效益。

2. 根据不同竞赛类型，制定具体的习艺劳动竞赛实施方案。以所、大队或中队为单位，对习艺劳动竞赛进行研究讨论，制定习艺劳动竞赛具体方案。习艺劳动竞赛具体方案一般包括目标任务、开展时间、具体步骤、考核标准、奖励和惩罚措施、实施过程中所要注意的问题等。

3. 教育发动。①召开全所或大队、中队管理民警大会，宣布在习艺劳动竞赛活动期间对管理民警的要求；②召开全所或大队、中队劳教人员大会，进一步阐明习艺劳动竞赛活动的目的、意义、纪律要求和具体的实施内容；③印发宣传小册子，让每一个劳教人员认真学习和领会；④充分运用板报、墙报、所内小报、电台、闭路电视、文艺表演等形式进行宣传。

4. 认真做好统计和资料积累工作。根据竞赛活动方案：①科学制作各类表格。劳教人员习艺劳动竞赛表格一般包括日进度表、周累计表、月总计表等。②准确登记各种数据，及时记录竞赛活动期间的好人好事和违规违纪行为。③定期公布和评议，接受全体劳教人员监督。在一定时间段内公布竞赛活动进度、效果、特点以及排名情况，允许劳教人员咨询并提出异议，组织机构要及时解答劳教人员咨询问题并作出公正裁决，以维护劳动竞赛活动的严肃性和公正性。

5. 公示习艺劳动竞赛活动名次，兑现奖惩。根据习艺劳动竞赛活动方案，经组织机构认真核对评价后，及时将竞赛活动最终获得名次情况予以公示，接受全体劳教人员监督，对不同意见及时进行调查、核对并根据实际情况做出客观公正的处理。对获得名次的集体和个人通过大会形式予以兑现奖励。

（四）问题协调

劳教人员习艺劳动竞赛，是劳动教养机关教育矫治劳教人员的一项有力措施，对于激发劳教人员的劳动竞赛意识意义深远，但在具体运用这一手段过程中，要注意以下几点：

1. 习艺劳动竞赛活动结束后，要及时开展向先进集体和个人学习活动，不能为竞赛而竞赛，而是要通过竞赛活动，起到教育矫治的效果。要及时总结回顾竞赛活动经验，以便修正不足，为今后更好地组织习艺劳动竞赛积累丰富的经验。

2. 习艺劳动竞赛不能经常性开展。竞赛毕竟具有一定的竞争性，不能过多和连续开展，否则就会失去应有的作用，要考虑劳教人员心理承受能力，防止个别劳教人员因劳动竞赛而产生畏惧心理，影响正常改造秩序。

3. 不能以劳动生产效益为目的。竞赛虽然具有提高劳动生产效率之作用，但劳动教养机关举行各种类型的劳动竞赛还是要从教育矫治人的目的出发，把劳动竞赛作为教育矫治劳教人员的一种手段来运用，因此，在制定劳动竞赛方案时，要把握好尺度，坚持效益服务于教育的宗旨，不能以效益为目的，应更加注重劳教人员热爱劳动意识的培养。

4. 对竞赛优胜者的奖励要科学。对开展竞赛的优胜者进行必要的奖励是应该的，但奖励不能过高，而应注意覆盖面。

5. 对在竞赛过程中违反规则而被取消竞赛资格的劳教人员，分管民警要及时做好个别教育工作。

（五）实例

下面为某中队习艺劳动竞赛方案的具体内容：

××中队习艺劳动竞赛方案

为进一步激发劳教人员参加习艺劳动的积极性，拓展劳教人员习艺劳动教育手段，培养劳教人员热爱劳动的感情和熟练掌握劳动生产技能，经研究，在全队范围内开展以"强化纪律、强化效益、创优成果"为主题的习艺劳动竞赛，现将有关竞赛活动方案公布如下：

一、目标

通过开展"强化纪律、强化效益、创优成果"习艺劳动竞赛，使劳教人员进一步养成遵纪守法的良好习惯和积极劳动的自觉行为，在竞赛中感受劳动成果的来之不易，在竞赛中提高对劳动技能的熟练掌握，从而为解教后从新走向社会奠定良好的就业基础。

二、活动时间

4月1日~30日。

三、活动内容与考评标准

竞赛活动采取集体与个人相结合的方式进行，集体以小组与小组之间为单位进行，同时考核个人在活动中的成果。以日记载，周汇总，月末总结评比形式开展，每日满分为10分，劳教人员每日个人得分即为自己的得分，小组成员得分合计为小组共同得分。

每日考评标准：

（一）比一比谁遵守纪律最好。4分（得分）

（1）严格遵守所规队纪，未因违反纪律或规定受到民警批评和处罚。发生一起扣1分。

（2）严格遵守劳动纪律和生产安全规定。刀具及钝、锐器未进行固定的扣1

分，未掌握消防安全知识的扣1分，未按定置管理要求摆放物品的扣0.5分，缺少设备卡、姓名牌，卫生差扣0.5分。

（二）比一比谁的效益最好。3分（得分　）

（3）每日完成劳动定额。个人每日生产任务完成在小组最后一名的扣1分，每前进一名少扣0.1分，小组在中队每日最后一名扣1分，每前进一名少扣0.1分。

（4）未能按规定完成劳动每日定额的扣2分。

（三）比一比谁的质量最好。3分（得分　）

（5）产品优秀率未达到50%以上的扣1分，未达到70%以上的扣0.5分。

（6）因质量问题造成返工的扣0.5分。

（7）因质量问题造成返工并影响整体劳动任务按时完成的扣1分。

四、奖罚规定

竞赛活动设集体奖三名，对获得集体第一名的奖组长30分，组员20分。

对获得集体第二名的奖组长20分，组员10分。

对获得集体第三名的奖组长10分，组员5分。

竞赛活动设个人奖10名（第一名1个，第二名3个，第三名6个），第一名奖30分，第二名奖20分，第三名奖10分。

对获得个人奖励的劳教人员同时可以享受所在小组的奖励。对活动期间有严重违规违纪行为的劳教人员或发生重大质量事故的小组和个人，按劳动教养管理所的有关规定予以处罚，并取消评比资格。

五、评比方式

中队成立由中队领导、分管小组民警和民管会人员组成的考评小组负责考评，坚持公正公平，以日考核、周汇总、月总评的方式进行，并及时予以公示，欢迎全体劳教人员监督。

二中队

2008年3月25日

工作任务五：劳教人员习艺劳动的成果管理

（一）基本原理

劳教人员习艺劳动成果管理是指在劳教人员习艺劳动过程中对劳动产品、劳动果实等劳动成果进行检测、反馈、教育的组织和协调活动。劳教人员习艺劳动成果管理是劳教人员习艺劳动组织管理中的最后环节，对劳教人员接受劳动教育发挥着重要的作用。劳教人员习艺劳动成果管理的内容主要包含对劳教人员习艺劳动成果的检查、验收、鉴定、评估、反馈、教育和提高等。劳教人员习艺劳动成果管理就是对这些活动内容进行科学有效地组织协调，使习艺劳动成果发挥出更大的教育效果和经济价值。加强劳教人员习艺劳动成果管理的意义：

1. 是对劳教人员习艺劳动水平和成效进行检测的重要途径。习艺劳动成果是劳教人员习艺劳动的物化和最终结果，是劳教人员辛勤劳动的结晶，是劳教人员习艺劳动过程和劳动表现的综合产物。因此，劳教人员习艺劳动成果不仅能够一定程度检测出劳教人员习艺劳动的质量优劣，而且能够综合反映出劳教人员的教育矫治态度、表现、劳动技能和教育矫治水平，从而为对劳教人员进一步实施科学奖惩提供依据。

2. 是对劳教人员进行有效劳动教育的重要内容。劳动成果是劳教人员亲手培育和生产出来的劳动果实，是辛勤劳作、努力钻研、积极进取的产物。它不仅具有功利作用，而且具有教育功能。因此，通过加强劳教人员习艺劳动成果管理，特别是通过对劳教人员进行习艺劳动成果管理教育，必定会使劳教人员深切感受到劳动的艰辛、劳动的价值、劳动的愉悦以及劳动奉献的美好，并立志转变成为一个有益于社会、有益于人民的合格社会劳动者和自食其力的守法公民。

3. 是测定和衡量劳教人员习艺劳动质量和绩效的必要条件。通过劳教人员习艺劳动成果管理，既能从总体上考查劳教人员完成生产任务的情况，也能考查出每个劳教人员个体劳动质量的优劣，这样就能及时发现劳教人员习艺劳动过程中的问题和不足，并及时加以反馈和修正，从而使劳教人员习艺劳动质量再上一个新台阶。

4. 有利于劳教人员走向社会，从新就业工作的开展。通过劳教人员习艺劳动成果管理，可以用多种形式向社会宣传劳教人员在劳动教养所取得的思想和行为的成果，从而为劳教人员解除劳动教养后回归社会从新就业奠定良好的基础。

（二）工作流程

1. 进行科学的检查、验收、鉴定和评估。劳教人员习艺劳动成果包括两个方面的内容，即劳教人员习艺劳动改造成果和习艺劳动的经济质量成果。对劳教人员习艺劳动成果进行检查、验收、鉴定和评估就应该从这两个方面入手。

2. 及时反馈劳教人员习艺劳动成果。促使劳教人员习艺劳动信息畅通，使劳教人员既能看到自己的成绩，也能看到自己的不足，并督促劳教人员及时改进不足，向着更高层次发展。

3. 开展劳教人员习艺劳动成果教育，充分发挥习艺劳动成果的教育矫治功能。开展劳教人员习艺劳动成果教育是劳教人员习艺劳动成果管理的重要内容。开展劳教人员习艺劳动成果教育应主要从以下几个方面进行：①充分展示劳教人员习艺劳动成果本身所蕴含的教育内涵；②让劳教人员品尝和分享劳动果实；③对劳教人员深入开展劳动产品美的教育。

（三）操作要领

1. 建立劳教人员习艺劳动成果考评验收机制。所、大队、中队要根据不同的管理权限和职责，结合劳教人员教育矫治表现，制定日常的和定期的劳教人员习艺劳动成果检查、验收、鉴定、评估制度，通过表格、图表等形式，定期公布劳教人员取得习艺劳动成果的情况。

2. 建立劳教人员习艺劳动成果展示室。劳教所应建立全所性的劳教人员习艺劳动成果展示室，收集由劳教人员自己创造的劳动产品。展示室可以根据时间顺序摆放劳教人员习艺劳动成果，也可按照不同类型的劳动产品序列进行摆放。大队、中队一级也应根据自己的特点建立相应的习艺劳动成果展示室。

3. 开展习艺劳动成果教育。开展习艺劳动成果教育的主要方式：

（1）参观习艺劳动展示室。新入所劳教人员，由入所队根据入所教育的要求，负责带领参观所级习艺劳动成果展示室，接受习艺劳动成果教育。大队、中队则由所在单位组织，负责带领参观自己所在地的习艺劳动成果展示室，接受习艺劳动成果教育。

（2）撰写学习体会。要求劳教人员在参观习艺劳动的成果展示后，深刻认识劳动的艰辛、劳动的伟大、劳动的高尚、劳动成果的来之不易，从而进一步增强劳动改造的信心和决心。

（3）组织劳教人员品尝和分享劳动果实。在利用习艺劳动成果展示室教育的同时，还可以让劳教人员分享劳动果实，品尝劳动艰辛，体验收获的喜悦。如将劳教人员自己制作的服装分发给劳教人员使用，根据劳教人员的劳动态度和表现，发放一定的工资等。

（4）在劳动过程中深入开展产品美的教育。劳教人员劳动成果主要是以劳动产品的形式出现的，因此对劳教人员开展产品美的教育也是教育的内容之一。劳教机关要在激烈的市场竞争中站稳脚跟，不仅要生产出适销对路、质优价廉的产品，还要进一步改进产品的外观设计和包装，也就是说产品要达到高质量、多功能与设计新颖、包装精美的统一，而这种统一正是产品美的具体体现。劳教人员生产出这样的产品，不仅是一种美的熏陶和感染过程，更是一种美的教育和影响过程。这种统一向劳教人员昭示了一个朴素的道理，即美的产品是内容和形式、质量和外观的完美统一，而做人也一样，只有言行一致、表里如一、光明磊落的人，才是一个被人赞赏的"美"的人。

4．开展社会帮教。积极寻求社会各界人士和组织对劳教人员实行帮教，是确保劳教人员教育改造质量提高的关键环节，通过劳教人员习艺劳动成果展示，可以更好的帮助社会各界人士和组织了解并正确认识劳教人员的改造成果，从而更进一步的增强他们参与帮教的信心和决心。劳教机关也可以通过对劳教人员劳动成果的展示来体现教育改造的效果。

5．为劳教人员重新就业服务。劳教人员劳动成果是劳教人员熟练掌握劳动生产技能，树立正确劳动思想观念的集中体现，通过劳教人员劳动成果的推广和展示，可以帮助劳教人员拓展就业渠道，为其重新走向社会，提供具体详实的实物资料，便于社会生产企业招录解教人员工作。

（四）问题协调

劳教人员习艺劳动成果管理是一项综合性工作，实践中劳教人员习艺劳动成果管理要注意以下几点：

（1）分管民警要深入习艺劳动第一线，全面了解和掌握劳教人员习艺劳动的具体情况，并对劳教人员劳动成果进行直接的考察和验收。

（2）要特别注意劳动成果与思想行为表现的关系。有少数劳教人员在劳动技能方面能达到标准，但在遵守相关纪律方面自我要求低，时而违规或违纪，对这种"劳动成果"应视为不合格产品，民警应加大教育力度，努力"生产"思想与劳动技能均合格的劳动成果。

（3）劳教人员习艺劳动成果考察要公开进行，允许劳教人员对考察结果进行申辩。

（4）要成立以民警为核心、以劳教人员民主管理委员会为主的劳动成果考评组织。

（5）发动劳教人员互相监督、互相检查，并对考核结果进行公示。

第六章 劳教人员习艺劳动的组织管理（下）

工作任务一：劳教人员习艺劳动的出收工管理

（一）基本原理

劳教人员习艺劳动的出收工管理，是劳教人员习艺劳动管理的重要组成部分，主要是指劳教人民警察根据劳动教养制度对劳教人员生活区与习艺劳动区分离的要求，组织实施劳教人员从生活区到习艺劳动区的过程管理。

劳教人员习艺劳动出收工管理，虽然没有直接涉及习艺劳动内容，但作为安全劳动的前提，特别是劳动教养场所行政强制性的要求，其意义重大。

（二）工作流程

1. 根据上级有关制度要求，结合实际，制定大（中）队出收工工作方案。方案主要内容包括目的、民警到岗时间、民警人数、民警站位要求、民警检查要求、劳教人员站位固定、突发情况处置预案、责任后果等。

2. 确保大（中）队劳教人员及时、安全到达习艺劳动现场。根据劳动教养有关制度规定，劳教人员生活区与习艺劳动区是相对分离的，确保劳教人员每天安全往返生活区与习艺劳动区之间，不仅是习艺劳动正常进行的前提，也是对劳教人员思想改造的重要手段之一，通过对劳教人员习艺劳动出收工过程的严格管理，使劳教人员的纪律观念、集体意识得到增强。

3. 确保劳教人员严格遵守劳动教养制度，防止各类违禁品带出（入）生活区。根据劳动教养管理的要求，不允许劳教人员不经检查将不宜携带的物品带出生活区，也不允许不经检查将任何物品带入生活区，通过对劳教人员习艺劳动出收工过程的严格管理，预防和消除各类影响场所安全的隐患。

（三）操作要领

1. 执勤（带班）民警按规定着装、警容严整。

2. 出工管理。

（1）集合、点名、检查。由主值班民警负责，其他民警协助完成。主值班民警下达集合口令后，劳教人员迅速按平时规定的队形在指定的位置集合。主值班民警按"立正、向右看齐、向前看、报数"的顺序进行操作。集合完毕后，由主值班民警再次与其他值勤民警仔细核对劳教出工人数、着装、胸牌等情况，并就内务卫生、一日情况进行简单讲评，对劳教人员随身携带物品进行严格检查，强调出工队列纪律等。

（2）队列行进。由主值班民警佩戴执勤标志、执勤器具、执勤记录本等，成长方形队列，在其他民警的共同参与下，列队前往习艺劳动现场。队伍在行进的过程中，执勤带队民警要按照队列要求，下达"一二一、一二三四"的口令，以确保出工队列的整齐划一。同时，也可以用大合唱的形式，活跃出工队伍的良好气氛。

队列行进过程中执勤带队民警的正确位置：

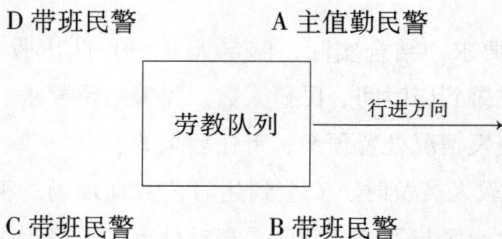

D 带班民警　　　　　　A 主值勤民警

劳教队列　　　行进方向 →

C 带班民警　　　　　　B 带班民警

（3）大门报数。队列出入大门，由执勤带队民警清点人数，向门卫值班民警报告，经签名登记允许后出入大门。有些劳教场所未设置生活区与习艺劳动区之间的大门，这一环节可省略。

（4）任务布置。由中队主要领导或分管生产的领导对一日生产任务进行布置或强调。特别是劳动安全、劳动纪律、劳动质量做到每日"必说"。

（5）有序到位。在分队民警带领下，进入习艺劳动具体岗位，实施习艺劳动。

3．收工管理。

（1）集合、点名、检查。由主值班民警负责，其他民警协助完成。负责劳教人员集合，仔细清点核对收工人数，检查习艺劳动现场水、电、设备的维护情况，检查劳动工具的收缴、统一保管登记情况，特别是要严格检查每一个劳教人员随身携带的物品，防止各类违禁品在收工时流入劳教人员生活区域，同时督促做好习艺劳动车间门窗的上锁工作等。

（2）习艺劳动小结。由中队领导或分管生产领导，对一天习艺劳动情况进行简要讲评，指出存在不足和注意问题。

（3）队列行进，与出工时的要求相同

（4）大门报数。将劳教人员收工队列带至生活区大门时，主值班民警要在门卫值班民警的监督下，再次对收工队列进行点名报数，由门卫值班民警核对与出工时人数是否一致，核对无误后，双方签名，然后由主值班民警带入生活区大门，直至带回中队宿舍。

（四）问题协调

劳教人员习艺劳动出收工管理中容易出现的问题：

1．误报人数。在集合、清点出收工人数时，少数民警思想不集中或重视程度不够，或少数劳教人员故意破坏，队列人数误报或不能及时发现人数异动情况，造成安全隐患。

2．突发事故。极少数劳教人员利用出收工队列行进的机会，强行脱逃或冲撞大门。

3．队列秩序混乱。民警对整个劳教人员出收工队列的秩序掌控不力，造成出收工队列不整齐。

4．民警站位不准确。少数民警除一名负责带队的外，喜欢几个人一起跟在队列的最后，未能形成对劳教人员队列的包夹之势，遇有突发事件，反应不够迅速。

5．民警警姿不够严整。少数民警在出收工队列行进过程中，警容不严整，有的手插袋里，有的双手背在后面，有的两人聊天，有的拨打手机等。

劳教人员习艺劳动的出收工管理，不仅是劳教人员习艺劳动管理的重要组成部分，更是劳教机关安全防范的重要内容，因此加强劳教人员习艺劳动出收工管理对于劳教机关发挥具有强制性的教育矫治职能意义重大，必须高度重视：①要加强民警的责任心教育，教育民警到岗尽职，防止因工作责任心不强而影响场所的安全稳定，并由此给集体和自己造成一定的不良后果。②要进一步加强民警的身体技能训练，要通过岗位练兵、岗位技能比武等手段，不断加强民警身体素质，以期在突发事件发生时能够以良好的身体素质从容处理。③要加强对执勤（带班）民警的督查。所级及上级有关部门要定期或不定期的开展对一线执勤（带班）民警的督查，检查民警是否严格执行有关制度，发现问题及时指出并予以纠正。④要加强民警出收工管理的制度建设和应急演练。目前对于劳教人员出收工管理的制度还不健全，主管部门应该明确出收工管理的硬性规定，如劳教人员出收人数与执勤（带班）民警人数的比例、夜间加班时出收工的民警数等。各基层所还应该根据自己的实际，细化劳教人员出收工时的应急措施，并开展应急演练。

【案例介绍】

2003 年某日，江南某劳教所六中队 150 余名劳教人员，在 4 名民警带领下，由生活区前往习艺劳动区劳动，当队伍经正常程序出生活区大门约 30 米时（见图），劳教人员陈某突然冲出队列，向 40 米开外的道路跑去，企图强行逃跑，后被民警当场追回。

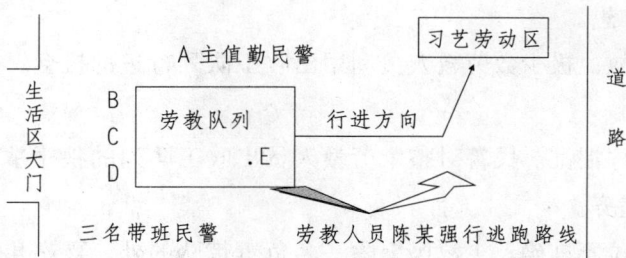

此事件中，劳教人员陈某强行逃跑的行为虽然没有得逞，但执勤民警应该从中吸取哪些教训？

（1）民警对劳教人员陈某的思想动态掌握不明，在队列行进中未能很好地发挥劳教人员班组长的"包夹"作用。

（2）4名民警带领队列时所处的位置不正确。正确的方法是：主执勤民警在队伍的左前侧，负责整个出工队列的口号、队列前进节奏的掌控等；另三名民警所处的位置应该是队列的右中侧一名，队列的左右后侧各一名，形成对整个出工队列的包夹状。

（3）前往没有外围墙的习艺劳动区，出收工途中尽管距离不远，但也应该安排更多的警力执勤，如果中队警力不足，可以申请上级机关在出收工时间段予以警力支持。

工作任务二：劳教人员习艺劳动的组织机构管理

（一）基本原理

劳教人员习艺劳动的组织机构，是指劳动教养管理机关为了使劳动教养执法顺利开展而设置的领导机构和管理部门，是指挥领导劳动教养人员进行习艺劳动的职能部门。

劳教人员习艺劳动的组织机构，是劳动教养机关的一个基本组成单位，它与劳动教养机关的教育改造组织和所政管理组织一起构成劳动教养的三大支柱部门。

劳教人员习艺劳动组织机构的设置原则如下：

（1）有利于劳教人员的思想教育转化。劳教人员习艺劳动组织机构设置的根本目的是为了更好地通过习艺劳动的形式，贯彻党对劳教人员"教育、感化、挽救"的劳教工作方针，从而促进劳教人员思想教育，培养他们热爱劳动、遵纪守法的良好品德，使他们解教后能够成为掌握一技之长、自食其力的社会有用之才。机构设置就是从职能上保证这些目的能够顺利有效地实现，使劳动教养制度教育人、挽救人的功能得以真正发挥。

（2）权责相等。劳教人员习艺劳动组织机构的设置必须赋予一定的职能，根据其机构的特性，主要是对劳教人员的劳动教育实施监督和管理指挥，这种权利同时也是义务，因此，劳教人员习艺劳动的组织机构同时也担负着保证劳教人员的劳动教育活动有效实施的职责。

（3）依法行政。劳教人员习艺劳动是一项严肃的执法活动，因此，无论是设置劳教人员习艺劳动组织机构，还是履行职责都必须依法进行，不能自行其是。由于劳动教养具有一定的行政性，国家有关法律法规根据劳动教养的这一特性，明确了劳动教养人员参加劳动的有关规定，劳动教养职能部门必须依据国家的法律法规，采取多种形式，适应劳动教养习艺劳动的需要。

（4）服务于教育，精简、高效。劳动教养习艺劳动组织应本着服务于教育，精简、高效的原则设置。

（二）工作流程

根据劳动教养的法律特性，从有利于劳教人员参加生产劳动的习艺功能目的出发，科学设置符合劳动教养特点的组织机构。

（三）操作要领

1. 劳动教养习艺劳动的组织机构。劳教人员习艺劳动组织机构一般由习艺劳动科、质量技术科、职业技能培训中心等部门组成。由分管习艺劳动生产的劳动教养管理所领导统一管理。为了更为有效地实施劳动教养习艺劳动生产，劳动教养管理所还根据不同的情况，分别设置若干大队、中队、分队等分类组织，分别承担习艺劳动的管理任务。

劳动教养习艺劳动组织机构图

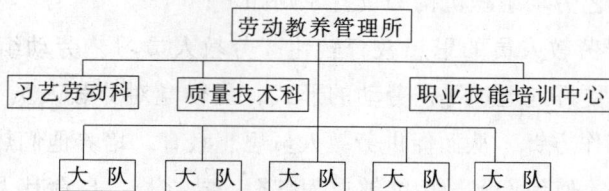

```
              ┌─────────────────┐
              │   劳动教养管理所   │
              └─────────────────┘
      ┌──────────────┬──────────────────────┐
┌──────────┐  ┌──────────┐        ┌──────────────────┐
│ 习艺劳动科 │  │ 质量技术科 │        │  职业技能培训中心  │
└──────────┘  └──────────┘        └──────────────────┘
  ┌──────┬──────┬──────┬──────┐
┌──────┐┌──────┐┌──────┐┌──────┐┌──────┐
│ 大 队 ││ 大 队 ││ 大 队 ││ 大 队 ││ 大 队 │
└──────┘└──────┘└──────┘└──────┘└──────┘
```

2. 劳教人员习艺劳动组织机构的职能。劳动教养习艺劳动组织机构，是劳动教养机关的重要组成部门，与劳动教养机关的教育改造组织、所政管理部门互为一体，共同承担对劳教人员的教育改造任务。从总体上讲，它的职能有：①适用劳动手段教育改造劳教人员；②根据有关劳动教养政策，指导基层组织选择劳动项目，进行劳动生产；③制定劳动教养人员劳动质量、效益的考核标准，实施劳动考核工作；④进行劳动就业和习艺技能培训。

劳动教养习艺劳动组织中主要科室的主要职能如下：

（1）习艺劳动科的主要职能。根据劳动教养人员人数变化、技术状况、设备能力以及资金等方面的基本情况和上级主管部门要求，制订月、季、年度生产、财务、基建等方面计划；掌握计划执行情况，与有关组织研究解决计划执行中的问题。同时，根据运用劳动手段改造劳教人员的要求，动态掌握习艺劳动计划的执行工作，进行劳动教育、劳动技能比赛等，督促各基层单位抓好劳动管理、劳动安全保护，与有关部门协同对劳教人员依法进行奖惩。

（2）质量技术科的主要职能。掌握劳教人员的习艺劳动技能水平与趋势；对物质产品进行定期或不定期的质量检查，严格控制产品质量；与教育改造部门配合，对劳教人员在劳动中的思想改造质量进行考查，共同制定劳教人员劳动行为与思想改造的量化指标；掌握劳教人员技术状况；进行技术教育与劳动培训；负责劳教人员中技术人员的使用与管理；组织劳动教养人员技术革新、技术攻关与发明创造活动；开展技术信息收集与技术的开发利用。

（3）职业技能培训中心的主要职能。负责劳教人员职业技能培训的总体方案制定，与教育科、习艺劳动科密切配合，对不同类别的劳教人员拟定职业培训方向，根据现有劳动习艺项目，开展职业技能培训的指导、讲课等。

劳教人员习艺劳动组织机构的主要任务是在组织生产过程中，科学规划和有效指挥劳动教养人员习艺劳动，掌握运用劳动手段改造劳教人员的正确方向，充分发挥劳动对劳教人员思想改造作用。

（四）问题协调

1. 目前劳动教养机关还未进行所企分离，劳教人员习艺劳动组织机构的许多职能还与劳教企业交叉并行，实践中要注意区分劳教人员习艺劳动组织机构与劳教企业生产组织机构的不同点，正确把握不同劳动的目的，尽可能地发挥习艺劳动机构的职能。

2. 要正确理解习艺劳动组织机构与其他职能科室的关系，如职业技能培训中心与教育科的职责。教育科是劳教所行使对劳教人员综合教育的职能科室，主要负责对劳教人员的思想文化技术教育，如技术教育中的电脑班、烹饪班、驾驶班等；而职业技能培训中心则是劳教所依据劳教人员从事的劳动项目，有计划地开展职业拓展的机构，是最大化地发挥劳动教养功能的具体体现，它与教育科是平行和双赢的关系。

3. 正确处理好与大队、中队之间的关系。大队、中队作为劳动教养机关的重要组成部分，它更多的是发挥劳动教养整体职能，虽然习艺劳动也是它的重要内容，但它并不发挥劳动教养机关的指挥协调功能。当然，职能科室与大队、中队都是执行劳动教养法律法规的部门，缺一不可，两者相辅相成。因为没有劳教人员，职能科室就无存在意义，而大队、中队没有职能科室的指挥协调，就不可能较好地执行上级的各项政策，只有共同努力，才能完成法律赋予劳动教养机关的任务。

工作任务三：劳教人员习艺劳动的分类组织与管理

（一）基本原理

劳教人员习艺劳动的分类组织与管理，是指劳动教养机关根据《劳动教养试行办法》第 18 条之规定和劳教人员个体的有关特点进行分类劳动和管理的一种形式。劳教人员习艺劳动分类组织主要有以下几种类型：①根据性别分男、女类；②根据年龄分 16～18 周岁和 18 周岁以上两类（未满 16 周岁不可予以劳动教养）；③根据所犯罪错性质主要可分为财产型、暴力型、滋扰型、性罪错型等；④根据身体状况分年纪较大和疾病类等。

（二）工作流程

根据劳教人员不同性别、年龄、身体状况和所犯罪错性质，在分类管理的基础上，选择适合不同类型劳教人员劳动的生产项目组织开展习艺劳动。

（三）操作要领

1. 未成年劳教人员和不同性别的劳教人员由省级主管部门确定收容的劳教所。未成年劳教人员送未成年劳教所，女劳教人员送女劳教所。

2. 在入所教育阶段，摸清劳教人员所犯罪错的性质，按分类管理的要求，单独编队或编组。

3. 根据劳教人员不同性别安排不同的劳动。男劳教人员和女劳教人员在生理上存在着非常大的差异，因此在劳动安排上也必须按照男劳教人员和女劳教人员各自的生理特点科学地加以安排。男劳教人员肺活量和肌肉力量上占有明显的优势，神经活动强度大，雄性激素增强了男劳教人员的体力、精力，促进了男劳教人员在劳动中的能量消耗水平。基于男劳教人员以上的生理特点，一般男性在社会上所从事的劳动项目对于男劳教人员来说均可选择，但考虑到劳教人员所承受劳动教养处罚的压力和不同劳教人员体质之间的差异，特别是考虑到不同劳动项目对劳教人员教育矫治的不同影响和效应，一般不宜选择对教育矫治不利的劳动项目，如商业、运输业，生产危险品、刀具以及易燃易爆品等高危行业。较适宜从事制造业、手工业及加工业等。

女劳教人员的优势在于身体骨骼的柔韧性，神经活动的灵活性、精细性，劳动的耐久性和持续性方面，因此由于生理和心理的特点，适宜从事除"妇女权益保障法"以外的加工业、纺织业及服装业等。《妇女权益保障法》第26条规定："任何单位均应根据妇女的特点，依法保护妇女在工作和劳动时的安全和健康，不得安排不适合妇女从事的工作和劳动。妇女在经期、孕期、产期、哺乳期受特殊保护。"女劳教人员虽然与社会一般女性有些区别，但在劳动中的合法权益却相同。对女劳教人员的教育矫治要从她们的生理、心理特点出发，安排适宜女劳教人员自身特点的劳动项目，这不仅是认真执行国家有关法律法规的根本要求，也是促进女劳教人员真正接受教育矫治、实现劳动教养教育矫治科学化、人性化的重要措施。

4. 根据劳教人员不同年龄安排适宜劳动。16～18周岁劳教人员属于未成年人，根据《未成年人保护法》和司法部《未成年劳动教养人员管理教育规定》（司发通［2003］122号）有关精神，劳教机关应根据未成年劳动教养人员的特点，开展自我服务性劳动和习艺性劳动。劳动时间每天不超过4小时。

年纪较大和患有疾病的劳教人员一般是指男60周岁、女50周岁以上和患有比较严重身心疾病的劳教人员。这些劳教人员由于年纪偏大或疾病因素，确实难以承担其他年龄段或身体健康劳教人员所从事的劳动内容，因此要区别对待。可根据他们体力较差的特点，安排一些无劳动任务指标的辅助岗位，如搞绿化、搞卫生、出墙报及协助值班等。

5. 根据劳教人员所犯罪错性质合理安排劳动。

（1）财产型劳教人员主要包括偷窃、盗窃、诈骗、贪污、受贿、偷税漏税、走私及虚开发票等。这类劳教人员的特点是好逸恶劳、爱财如命，既害怕劳动的艰辛，又无一技之长，还梦想通过走"捷径"发家致富，缺乏正确的劳动观、利益观。据此，对财产型劳教人员的劳动安排在加强正确劳动观教育的同时，一般应安排集体劳动项目，并着重考虑其劳动技能的培养和教育。可安排有一定技术含量的岗位，力争使他们在劳教期间学会 1~2 门的谋生技术，以适应解教后就业的需要。由于财产型劳教人员"私利心"比较强，因此一般不宜安排在仓库、食堂、小卖部等接触票证和贵重物品的区域劳动。

（2）暴力型劳教人员，主要是指有打架、斗殴、伤害、爆炸等罪错的人员。其性格特点主要表现为性情粗野、脾气暴躁、心狠手辣、盲动性强、易出现攻击行为等。对他们在劳动项目的选择上应考虑从事手工精细劳动，在劳动岗位安排上应尽量控制在民警的视线之内，并注意将不同性格的劳教人员安排相邻岗位。绝对不容许安排在容易接触到刀、剪、棍的一些岗位和脱离集体的个别劳动岗位（如食堂、机修间及仓库等）。

（3）滋扰型劳教人员，主要是指无理取闹、扰乱社会秩序、参加非法宗教等人员。这类劳教人员思想固执、脾气偏执，总认为自己的行为是对的，对国家法律法规的严肃性认识模糊，不承认罪错的比较多。但此类劳教人员的一个显著特点是，虽然他们对自己所犯罪错认识不足，却一般不会责怪劳教管理机关，而是认为被处以劳动教养是审批机关的事。对这些劳教人员一方面要加强罪错认识教育，另一方面可以尽可能地利用他们在社会上的一技之长，合理安排相应的劳动岗位。

（4）性罪错劳教人员，主要指因卖淫、嫖娼等罪错被处以劳动教养的人员。此类劳教人员一般家庭经济条件尚好、吃穿无忧、思想腐化、道德败坏、缺乏正确的人生观和道德观。他们很少体念劳动的艰辛，置中华民族的优良传统于不顾，追求腐朽思想、肉体满足。对这类劳教人员要加大劳动成果的教育，让他们感受劳动果实的来之不易，用劳动的手段洗净他们内心腐朽的思想。劳动岗位可安排在流水作业的小组集体中，或其他技术难度相对较大的集体劳动岗位。

6. 根据劳教人员的不同表现科学安排劳动。劳教人员的教育改造表现差别很大，有的积极改造、认错知错；有的不前不后、甘当中游；有的蒙混度日，被动应付；有的拒不认错、违规违纪、对抗管理。不同的改造表现揭示了劳教人员不同的认错态度和悔改决心，也反映了劳教人员在劳教期间重新违法的可能性，因此必须对劳教人员的改造表现有一个正确的分析和定位。结合劳动教养机关分级处遇的对劳教人员改造表现动态把握的要求，将表现较好的劳教人员重新安排到如辅助值班、机修、技术以及个别劳动的岗位劳动，对于提高劳教人员改造积极性，激发劳教人员的劳动积极性具有很好的导向作用，符合劳动教养的教育矫治特点。

（四）问题协调

由于劳动教养人员劳教期限较短、人员变化大，因此在实施劳教人员习艺劳动的分类管理中，要力戒"一刀切"的做法，既不能不顾劳教人员的特性，采取"大混杂"的做法，一味追求劳教人员劳动的最大效益，又不能过分强调劳教人员的"特性"，不顾劳动基本原理的要求。实践中，要坚持"教育矫治为主、习艺劳动效益为辅"的原则妥善处理，灵活运用。

1. 对于某些类别的劳教人员由于人数过少，难以以大队或中队区分的劳动项目或劳动内容的，可以以小组为单位区别实施。

2. 要坚决杜绝因"关系户"而放弃习艺劳动分类管理的要求，安排轻松劳动岗位。

3. 对表现较好劳教人员因分级处遇而重新安排劳动岗位时，依然要重点考虑其违法罪错的性质、个人性格等，在从事具体劳动内容上尽量做到有所区别。

4. 对于一些具有一技之长的劳教人员，可以结合其具体思想行为表现，尽量安排与其技能相一致的劳动岗位，方便其通过自己的劳动技能来促进自身的思想教育矫治。

工作任务四：劳教人员习艺劳动考核与奖惩管理

（一）基本原理

劳教人员习艺劳动考核，是劳动教养管理的重要内容之一。所谓劳教人员习艺劳动考核，是指劳动教养管理机关按照一定的标准，采用科学方法对劳教人员在劳动过程中的思想表现、劳动品德、劳动技能、劳动的数量和质量等方面的情况进行综合考查和评价的活动。劳教人员习艺劳动考核是劳教人员习艺劳动奖惩的依据和前提，是对劳教人员劳动思想、劳动绩效以及整体改造表现的综合评定，关系到劳教人员的切身利益，具有较强的政策性和法律性，必须依法、科学及认真地进行。

　　劳教人员习艺劳动奖惩是劳动教养机关根据劳动教养工作方针、政策、法律、法规，以劳教人员实际考核的不同表现事实为依据，进行奖优罚劣的一项制度。劳教人员习艺劳动奖惩是劳动教养机关一项重要的管理活动，因为，劳教人员在劳动教养期间除生活学习时间外，大部分时间要从事习艺劳动，因此，对其在习艺劳动时间内的行为评价，是评价劳教人员整体接受教育成果的一个重要衡量标准。

　　劳教人员习艺劳动奖惩与劳教人员习艺劳动考核有着十分密切的联系。劳教人员习艺劳动考核是劳教人员习艺劳动奖惩的事实依据和运作标准，没有劳教人员习艺劳动考核实绩作为劳教人员奖惩的前提和基础，劳教人员习艺劳动奖惩就难以发挥其强化和导向作用，甚至会出现偏差和误解；劳教人员习艺劳动奖惩是劳教人员习艺劳动考核的发展、归属和保证，没有劳教人员习艺劳动奖惩，劳教人员习艺劳动考核的激励和约束作用就会大大的减弱，劳教人员的教育矫治功能就会难以实现。因此，劳教人员习艺劳动奖惩必须建立在劳教人员习艺劳动考核实绩的基础上，只有坚持以考核为基础、以事实为依据、以法律为准绳，才能使劳教人员习艺劳动奖惩达到弘扬正气、表彰先进、带动中间、贬抑后进的激励和警戒作用。

　　（二）工作流程

　　1. 劳教人员习艺劳动考核的主要内容：

　　（1）劳动品德考核。考核劳教人员劳动态度、劳动纪律，劳动生产流程知识掌握情况等。劳动品德考核是劳教人员劳动考核中的综合考核，主要评价劳教人员人生观、道德观、集体荣誉观以及劳动观等在劳动中的体现。因此，在劳教人员习艺劳动考核实践中，一般都会设置基础分，即必须在思想行为方面无违规违纪，达到要求的基础分值，才能有"资格"享受劳动方面的奖励条件，否则，即使一名劳教人员在习艺劳动方面完成生产任务再好，但他在其他方面有违规违纪行为，也不能享受其在劳动方面的奖励。

　　（2）完成生产任务情况考核。考核劳教人员在劳动中保质保量地完成生产任务情况，如产品的优质率、劳动进度情况及材料消耗等。可以通过以日为单位的日考核，以周为单位的周考核，以月为单位的月考核以及以季为单位的季考核等形式来实施。可以根据不同的劳动项目和单位的具体实际来确定考核的周期。

（3）实现劳动生产效益情况的考核。这一考核主要是针对劳教班组集体作业（流水线生产）才能完成的劳动生产项目。一般以周为单位进行考核，计算每周或每一时段劳动生产效益的情况。

（4）一定时间内劳动生产技能熟练程度的考核。适合对入所初期、经过劳动培训后正式上岗劳动的劳教人员考核。主要考核新入队劳教人员在同一时间的劳动技能熟练程度的掌握情况。一般以月或季为单位进行考核。

2. 明确劳教人员习艺劳动奖惩的主要内容：劳教人员习艺劳动奖惩的内容很多，从奖惩的性质来分，可分为一般的纪律奖惩和行政奖惩。

纪律奖惩主要是根据管理权限和上级规范要求宣布的奖励或惩罚。纪律奖励主要有：①大会表扬。在中队或大队会议上，对在劳动中表现较好的劳教人员予以指名表扬。②月度或季度记优。对在习艺劳动中表现一贯比较好，能按时完成生产任务，服从命令的劳教人员给予的奖励。③兑现劳动奖分。④晋升管理等级（处遇）。纪律惩罚主要有：①口头批评。对一些违反劳动纪律、劳动态度不端正、不能完成生产任务、情节轻微的，给予口头批评教育。②大会批评。对一些违反劳动纪律、劳动态度不端正，不能完成生产任务、不服从管理的劳教人员予以大会点民批评。③大会检查。责成违规违纪的劳教人员在中队或大队会议上作书面检查。④记劣。对一些经常完不成生产任务，劳动态度差的劳教人员，给予记劣。每记一次劣，扣除一定的日常考核分。

行政奖惩是根据国家有关劳动教养的法律法规，经严格审查和监督程序作出的奖惩。奖励的主要内容有：表扬、记功、物质奖、减少劳动教养期限、提前解除劳动教养。表扬是对在习艺劳动中表现比较好的劳教人员的一种奖励形式。记功是对在习艺劳动中表现比较好，并在某一特定时间段或任务中表现突出的劳教人员的奖励。物质奖则以工资和奖金的形式兑现：①工资奖励。对完成任务较好的劳教人员在享有统一的生活费保障之外，给予发放一定的工资奖励。②奖金。在完善工资制的前提下，对在习艺劳动中表现积极、效益超前的劳教人员给予一定的劳动奖金。减少劳动教养期限和提前解除劳动教养则是对在习艺劳动中有发明、革新，获得国家省市科技成果奖或有其他突出贡献、成绩显著的劳教人员的一种奖励。惩罚的主要内容有：警告、记过、延长劳动教养期限。警告、记过是对有严重违反劳动纪律、对抗劳动的劳教人员，结合其他改造表现给予的惩处，并按规定扣罚考核分。延长劳教期限，是对有严重违反劳动纪律、对抗劳动、破坏劳动工具和劳动生产，造成生产安全隐患和其他严重后果的劳教人员给予的惩处。

从奖惩的对象来分，可分为个人奖惩和集体奖惩。个人奖惩是劳动教养机关根据劳教人员个人的劳动实绩和劳动表现而作出的奖惩决定。集体奖惩是劳动教养机关根据劳教人员劳动集体（如小组，车间）的劳动实绩和整体改造表现作出的奖惩决定。

从奖惩的时间来分，可分为定期奖惩和不定期奖惩。定期奖惩一般以月、季、半年、年终的周期展开。不定期奖惩则是不具体固定期限，而是根据季节性活动任务，单项生产项目或根据矫治要求在某一特殊生产时段开展劳动竞赛结果而作出的。不定期奖惩具有灵活性，能够随时对教育矫治活动起到导向和调控作用。

（三）操作要领

劳教人员习艺劳动的考核与奖惩，是劳教人员接受劳动教养的重要内容之一，也是劳教机关考核劳教人员行为表现的重要手段。因此，劳教机关要建立各项严格的科学考核制度和奖惩规定，平时认真进行检查、督查和登记，定期公布考核结果，做到奖罚分明，以引导劳教人员以良好的心态积极投入习艺劳动生产。

劳教人员的习艺劳动考核与奖惩管理相结合，实行日考核、周点评、月公布、季兑现、年奖励，不断完善习艺劳动考核管理手段，提醒、激发劳教人员的习艺劳动积极性，进一步凸显习艺劳动功能。目前，劳教机关除行政奖惩外，在日常考核中大多采取以分数量化的形式体现奖惩，即每日由基础分和奖罚分两部分组成，每月基础分与奖罚分之和为劳教人员月考核的总分。同时规定了被评为文明学员、表扬、记功和被处以警告、记过等处分所对应的奖励分或惩罚分。这种以分数量化的形式考评与其他考核办法一起运用于劳教人员的综合评价考核，比较符合劳教人员的特点。

劳教人员考核与奖惩的一般程序：

1. 日考核。劳教人员每人建立计分考核手册，由分管民警根据劳教人员不同的习艺劳动岗位、劳动态度、劳动纪律，以及完成劳动任务（生产产量）等情况记载每天的基础分和日常奖、罚分情况。评价每名劳教人员一日的表现，决定是否给予口头表扬或批评，并做好资料的积累。

2. 周点评。分管民警每周要召集自己所分管小组的劳教人员进行一周的习艺劳动情况总结，并进行考评。分管民警在每周的中队生产会议上呈报是否给予大会表扬、大会批评、大会检查等。

3. 月公布。中队每月对劳教人员的习艺劳动情况进行考评总结，劳教人员需填写月思想汇报考核表，总结个人一月以来的思想劳动情况，经本人确认签名后由分管民警签署意见名后上交所在中队审核，并报大队、管理科审核，确认劳教人员每月考评得分情况，最后在中队予以公布。

4. 季兑现。大队每季开展劳教人员总结考核活动，劳教人员需填写季度小结表，主要由劳教人员本人和所在小组及劳教人员民主管理委员会签署意见，中队根据劳教人员民主管理委员会意见并结合月考评的情况，集体研究决定给予奖励或惩罚的方式（包括发放劳动报酬、变更相应的分级处遇等），并在全大队范围内予以公示。

5. 年奖、惩。劳教所每年组织劳教人员进行年终总结考核评比。年终总结考核评比是对劳教人员一年来接受教育矫治效果的总体评价，是劳教人员最为关心的大事，因此，全所上下必须认真对待、依法依规、科学组织、有效实施。年终总结考核主要设置评选所级和省级文明学员活动，评选优秀大、中队活动，评选百日安全竞赛先进集体活动等，并结合日、月、季考核等，由大、中队呈报各类奖励名单，经有关部门批准，予以兑现奖励。同时对一年来表现不好的劳教人员予以相应的惩处。

6. 日常奖、惩。劳教人员考核与奖惩除上述几种类型外，还应不定期地进行特别考核与奖惩，因为劳教人员接受劳动教养是一个动态的过程，其许多行为具有不可预测性，对一些突发的比较大的立功行为或违规违纪行为，出于教育时效性的要求，劳教所应该及时予以作出奖励或惩罚的决定。

劳教人员习艺劳动的考核与奖惩程序图如下：

公布劳动得分情况→以劳教人员小组为单位进行集体评议→召开中队民警会议、提出奖惩意见→在大队或中队范围内予以公示→填写有关奖惩审批表→报请上级部门审批并公示（缩短劳教期限 3 个月以上奖励或延长劳教期限 3 个月以上处罚须报省级主管部门审批）→宣布兑现奖励或惩罚内容（如对奖惩有异议可在 3 日内提出申辩或复核要求，主管机关须在 5 日内做出答复）→对奖惩不服并做出聆讯申请的，需召开由管理、教育、生活卫生、法制等部门人员组成以及由劳教人员代表参加的聆讯会→由聆询组织机构作出最后裁定并即时生效。

（四）问题协调

1. 劳教人员习艺劳动考核与奖惩是一项严肃的执法活动，事关劳教人员个人利益，备受劳教人员关注。劳教人员习艺劳动考核与奖惩作为一项重要的执法活动，体现着法治精神和政府形象，一旦执法不公，就会损害法律尊严和人民群众对法律的信任，因此，劳教人民警察必须做到依法、公正、公平、公开、准确、适当。民警作为考核工作的主要执行者，要注意四忌：①主观臆断，偏见盛行；②依靠"拐棍"，偏听偏信；③只看现象，不看本质；④暗箱操作。

2. 劳教人员习艺劳动考核与奖惩是劳教人员接受教育矫治行为整体表现的一种类型，劳教人员习艺劳动考核与奖惩与其他类型的考核与奖惩既有交叉又有融合，因此在具体的操作过程中要注意融会贯通，既不能不考虑劳动表现，又不能唯劳动表现论"英勇"，而是要积极运用劳动手段，促进劳教人员思想的全面进步。

3. 要建立科学的考核制度。科学合理的考核制度是对劳教人员进行正确考核的前提，劳教机关要根据不同的劳动内容，结合劳教劳动的特点，设置科学合理的考核标准，确保劳教人员通过劳动考核加深对劳动意识的培养，为教育改造服务。

4. 要细化每一个劳教人员的劳动任务（定额标准）。由于劳动教养的法定性，劳教人员个体素质不同于社会一般劳动者，其智力、体力、能力参差不齐，在制定劳动任务时，不能简单照搬社会劳动的标准，而是要细化到每一个劳教人员。

5. 对于一些必须以集体考核的项目，要适当细分集体考核项目内的子项目，可以通过班组会等民主讨论的形式，根据能力大小，分配每一个劳教人员在班组内的生产任务岗位，最大程度地激发劳教人员参加考核的积极性。

某省关于劳教人员习艺劳动的奖惩规定[1]

劳教人员在习艺劳动方面符合下列条件之一且出勤率达到劳教所规定指标的可给予下列奖分：

（一）有劳动定额能完成当月劳动任务的，每月可奖 5~10 分；在关键技术岗位完成当月劳动任务的，可奖 10~20 分；超额完成任务的，可给予相应奖分。劳教人员月劳动奖分累计不得超过 30 分。

（二）无劳动定额，完成当月分配任务的，每月可奖 10~20 分；在休息日坚守岗位的，每天可奖 2 分。

（三）符合下列条件之一的，可奖 10~30 分：

1. 合理化建议被采纳的；

2. 及时发现事故苗头，避免事故发生的；

3. 在习艺劳动中有其他较好表现的。

（四）符合下列条件之一的，可奖 30~50 分，表现突出的给予行政奖励：

1. 发明，革新或合理化建议取得成效的；

2. 获得地市级、省级、国家级现代化管理成果奖、科技质量成果奖的；

3. 在习艺劳动中有其他突出成效的。

劳教人员在习艺劳动方面有下列行为之一的，应给予罚分或行政惩罚：

（一）有下列行为之一的，应罚 3~10 分：

1. 无正当理由不完成生产定额的；

2. 无定额劳动劳教人员未完成分配任务的；

3. 当月消耗生产原材料超过规定指标的；

4. 违反工具保管规定，情节轻微的；

5. 违反质量管理制度，情节轻微的；

6. 其他违反劳动管理制度规定，情节轻微的。

（二）有下列行为之一的，应罚 10~30 分：

1. 消极怠工，偷工减料，弄虚作假的；

2. 不服从劳动任务分配或工种安排的；

---

〔1〕 每奖励或处罚 10 分，可折抵或延长劳教期 1 天。

3. 利用劳动工具及生产原料私制其他物品的；

4. 以不正当手段换取劳动产品的；

5. 擅自把生产工具或生产原材料带离规定区域的；

6. 违反工艺要求和操作规程的；

7. 违反定置管理规定的；

8. 违反工具保管规定，情节轻微的；

9. 违反质量管理制度，情节轻微的；

10. 其他违反劳动管理制度规定，情节较重的。

（三）有下列行为之一的，应罚 30～50 分，情节严重的应给予行政处罚：

1. 发现生产事故隐患，不及时报告或排除，放任事故发生的；

2. 对发生安全生产，设备事故负有直接责任的；

3. 私藏生产资料、产品和技术资料的；

4. 抗工、旷工的；

5. 违章操作造成严重后果的；

6. 违反质量管理制度，情节严重的；

7. 违反工具保管规定，造成严重后果的；

8. 其他违反劳动管理制度规定，情节严重的。

劳动教养机关要根据有关规定和不同的劳动项目，科学确定劳动考核种类，制定完善的考核制度，严格掌握、灵活运用，充分发挥劳动考核对劳教人员思想教育功能，促进教育改造质量的提高。

第七章 劳教人员习艺劳动教育

【案例介绍】

"感谢劳教所的警官，让我在服教期间不但矫正了恶习，还学得了一技之长，更是帮助我落实了工作。"这是近日贵州籍归正人员龙某在落实工作后打来电话对某省属劳教所某大队民警表示感谢。

原来民警在对劳教人员龙某进行解教前谈话过程中，发现龙某对解教后再就业表示担忧，并有留在浙江就业的意向。大队了解到此情况后，随即与相关业务单位联系，最终根据龙某的技术特长把他推荐到了××制衣厂从事服装加工，既解决了出路问题，又发挥了他在服教期间所掌握的缝纫技术特长。

该大队根据当前社会对缝纫技术工需求较大的实际，结合很多劳教人员的就业意向：一方面，以劳教人员解教后的就业出路为着眼点，加强岗位技术培训，促使每一位劳教人员在服教期间都能熟练掌握一项相关的生产技术。另一方面，加强对劳教人员解教前的就业指导，帮助他们树立正确的就业观；同时，还加强与相关业务单位的联系，积极做好就业推荐工作。

目前，该大队已有多名落实就业的归正人员给大、中队打来电话表示感谢。四川籍归正人员张某不但自己在台州落实了待遇不错的工作，还欣喜地告诉民警自己帮助即将解教的安某联系好了一份工作，希望安某解教后能到他所在的工厂。目前，安某也已开始在该厂上班，他们对未来的生活充满了希望。

据了解，很多厂家对被推荐人员娴熟的生产技术表示很满意。××制衣厂老板还特意给大队打来电话，对接收该所解教缝纫工表示出极大的兴趣，希望加强联系，继续向其推荐更多的熟练工。

根据这一情况，下一步该大队将在强化生产劳动习艺矫治功能、帮助劳教人员掌握一技之长的同时，成立临解教前劳教人员就业指导小组，加强对劳教人员归正再就业的指导，帮助他们解决好出路问题，巩固和提高教育矫治成果，更好地维护社会稳定。

一、劳教人员习艺劳动教育的意义

在劳教场所开展劳教人员习艺劳动和职业技术培训，是适应国家劳动制度改革，提高教育改造质量，减少重新违法犯罪的一项重要举措，也是探索教育工作新途径的一种有效手段。国务院《关于劳动教养问题的决定》中明确规定："在教育管理方面，应当采取劳动生产和政治教育相结合的方针，并且规定他们必须遵守的纪律和制度，帮助他们建立爱国守法和劳动光荣的观念，学习劳动生产技术，养成爱好劳动习惯，使他们成为参加社会主义建设的自食力的劳动者。"可见，组织劳教人员参加生产劳动是法律的规定，是党对劳教人员教育管理的基本方针。

2000 年，司法部根据《劳动教养试行办法》和《劳动教养教育工作规定》的规定，结合劳动教养工作实际，制定下发了《劳动教养职业技术教育实施办法（试行）》（［2000］司劳教字 22 号），该办法第 2 条中明确规定，劳动教养职业技术教育工作应坚持"立足转变思想，着眼解教就业，因人因地制宜"的原则，通过对劳动教养人员的习艺劳动教育和职业技术培训，使劳教人员掌握一技之长，加速思想转化，成为自食其力的守法公民。

新收容的劳动教养人员初到劳教场所，生活环境发生了明显的变化，由相对宽松、开放的社会环境进入到相对封闭、受到一定限制的劳动教养场所接受强制性教育。如何尽快使他们了解劳动教养法律规定和劳动教养场所的有关规定，更好适应场所生产劳动和生活，认识到劳动的性质，对更好地以劳动来改造自己，搞好习艺劳动教育至关重要。

二、劳教人员习艺劳动教育的内容

1. 思想教育。

（1）思想教育的目的。通过思想教育，使劳教人员明白劳动的意义、价值，树立劳动光荣的观念，通过正确劳动观的树立来矫治恶习。

（2）思想教育的内容。

第一，劳动观教育。通过思想教育，使劳教人员树立劳动光荣的信念、热爱劳动的思想，摒弃好逸恶劳的恶习。

第二，集体主义教育。集体主义精神要求个人的行为融入集体之中，个人要服从集体。劳动生产是一个集体形式的规模生产，离不开劳教人员之间的合作与分工。通过集体主义教育，使劳教人员形成集体主义观念，正确处理集体利益与个人利益关系。

第三，劳动纪律教育。劳动生产离不开科学、严格的规章制度和纪律约束。通过劳动纪律教育，使劳教人员形成良好的自我约束能力和自我控制能力。

第四，生存技能教育。通过生存技能教育，使劳教人员清楚地认识到，现代社会中，劳动是人的社会生存方式，有竞争就必然导致适者生存、不适者淘汰，故必须靠自己的劳动能力和技术专长，立足于社会、生存于社会。

（3）思想教育的形式。

第一，集体教育。集体教育就是把全体劳动教养人员集中起来所进行的教育。集体教育具有规范性、权威性、快速传播性等特点。

第二，个别谈话教育。个别谈话教育就是针对劳动教养人员的个别、特殊问题，采取面对面的思想影响、心理沟通和知识传授活动。个别教育具有针对性、灵活性、沟通性、渗透性和稳固性等特点。

第三，讲评式教育。在劳动过程中，充分利用劳动前的分工安排、劳动后的讲评，进行日讲评、周小结、月评比以及半年总结和年终总结，对劳教人员进行有意识、有步骤、有目的的思想教育。讲评式教育具有及时性、针对性及随时性等特点。

第四，劳动成果教育。劳动成果教育就是运用劳动教养人员生产的产品布置产品陈列室、展览室或通过出售劳动教养人员自己种植的农副产品，并将所得款项作为劳动教养人员的劳动所得予以发放，让劳动教养人员体会到劳动带来的收获的喜悦。

2. 生产安全教育。《安全生产法》第 21 条规定："生产经营单位应当对从业人员进行安全生产教育和培训，保证从业人员具备必要的安全生产知识，熟悉有关的安全生产规章制度和安全操作规程，掌握本岗位的安全操作技能。未经安全生产教育和培训合格的从业人员，不得上岗作业。"

安全生产工作是劳教场所安全工作的重要组成部分，安全教育是企业安全生产工作的重要内容，坚持安全教育制度，搞好对劳教人员的安全生产教育，事关场所的安全稳定的大局。

没有安全生产，劳动教育矫治、习艺功能就不能真正发挥其作用。劳教场所的安全生产工作比社会企业更复杂，也更重要，必须引起高度重视。

（1）生产安全教育的目的。

第一，统一思想，提高认识。在安全生产工作中，劳教人员是一个十分重要的主体。在劳动生产过程中，劳教人员是积极的参与者，一旦发生安全事故，劳教人员很有可能是直接受害者，轻则会影响到劳教人员的身体健康，重者会危及劳教人员的生命。因此，劳教人员应在思想上重视安全生产工作，要认识到搞好安全生产有利于自身的生命和健康，要积极配合劳教人民警察搞好安全生产，避免安全事故的发生，自觉维护生命和健康安全。

第二，提高全体劳教人员的安全知识水平和安全技能。安全知识包括生产活动中存在的各类危险因素和危险源的辨识、分析、预防、控制知识。安全技能包括安全操作的技巧、紧急状态的应变能力以及事故状态的急救、自救和处理能力。通过安全教育，使劳教人员掌握安全生产知识，提高安全操作水平，发挥自防自控的自我保护及相互保护作用，有效地防止事故发生。

鉴于劳教场所经济实力和科技水平，设备、设施的安全状态尚未达到本质安全的程度，坚持不断地进行安全教育，减少和控制人的不安全行为，就显得尤为重要。

（2）生产安全教育的内容。安全教育的内容主要包括思想教育、法制教育、知识教育和技能训练。

第一，思想教育。思想教育主要是安全生产方针政策教育、形势任务教育和重要意义教育等。通过形式多样、丰富多彩的安全教育，使劳教人员牢固树立起"安全第一"的思想，提高全体劳教人员的安全意识，激发其安全动机，自觉实施安全行为，采取事故预防措施。

第二，法制教育。法制教育主要是法律法规教育、执法守法教育、权利义务教育等。通过教育，使劳教人员知法、懂法、守法，以法规为准绳约束自己，履行自己的义务；以法规为武器维护自己的权利。

第三，知识教育。知识教育主要是安全管理、安全技术和劳动卫生知识教育。通过教育，使劳教人员各自掌握必要的安全科学技术，提高企业的整体安全素质。

第四，技能训练。技能训练主要是针对各个不同岗位或工种的劳教人员所必需的安全生产方法和手段的训练。例如，安全操作技能训练、危险预知训练、紧急状态事故处理训练、自救互救训练、消防演习、逃生救生训练等。通过训练，使劳教人员掌握必备的安全生产技能和技巧。

（3）生产安全教育的形式。安全教育应利用各种教育形式和教育手段，以生动活泼的方式，来实现安全生产目标。

劳教人员的安全教育形式大体可分为以下几种：

第一，广告式。包括安全广告、标语、宣传画、标志、展览及黑板报等形式。它以精炼的语言、醒目的方式，在醒目的地方展示，提醒人们注意安全和怎样才能安全。

第二，演讲式。包括教学、讲座、讲演、经验介绍、现身说法及演讲比赛等形式。可以是系统教学，也可是专题讨论。用来丰富劳教人员的安全知识，提高对安全生产的重视程度。

第三，会议讨论式。包括事故现场分析会、班前班后会、专题座谈会等。以集体讨论的形式，使劳教人员在参与过程中进行自我教育。

第四，竞赛式。包括口头、笔头知识竞赛，安全、消防技能竞赛，其他各种安全教育活动评比等。激发劳教人员学安全、懂安全、会安全的积极性，促使劳教人员在竞赛活动中树立"安全第一"的思想，丰富安全知识，掌握安全技能。

第五，声像式。用录像等现代手段，使安全教育寓教于乐。主要有安全方面的广播、电视、录像等。

第六，文艺演出式。以安全为题材编写和演出的相声、小品、话剧等文艺演出的教育形式。

（4）生产安全教育制度。要搞好安全教育，实现教育目的，必须建立健全一整套安全教育制度。劳教场所的安全教育制度主要是三级安全教育，即对新入所的劳教人员进行入所安全教育、大队安全教育和中队（现场岗位）安全教育。

第一，入所安全教育。入所安全教育由教育科会同生产科组织进行。主要教育内容是：党和国家安全生产方针、政策及主要法规标准，本所各项安全生产规章制度及劳动纪律，所内危险作业场安全要求及有关防灾救护知识，典型事故案例介绍等。

第二，大队安全教育。大队安全教育由大队长会同大队安全员进行。主要教育内容是：本大队生产性质、特点及基本安全要求，生产工艺流程、危险部位及有关防灾救护知识，大队安全管理制度和劳动纪律，典型事故案例分析、预防事故措施等。

第三，中队（现场岗位）安全教育。中队（现场岗位）安全教育由中队长会同安全员及带班民警进行。主要教育内容是：中队工作任务、性质及基本安全要求，有关设备、设施性能、安全特点及防护装置的作用与要求，岗位安全责任制度，发生事故时的紧急处置措施，同类岗位伤亡事故及职业危害介绍，有关个体防护用品使用要求及保管知识，工作场清洁卫生要求，以及其他应予了解的安全内容。

3. 职业技术教育。对劳动教养人员进行职业技术教育是劳动教养教育的工作重点，是在社会主义市场经济条件下增强劳动教养人员的社会就业适应能力、顺利回归社会的有效途径，也是提高劳动教养教育工作质量、有效预防犯罪的客观需要。

（1）职业技术教育的目的。劳动教养管理场所开展劳教人员职业技术教育的目的在于不断提高教育挽救质量，全面构建劳教人员的专业能力、通用能力、核心能力，树立劳动观念、学习观念、创业意识，增强劳教人员的社会适应能力。

（2）职业技术教育的内容。

第一，社会主义市场经济知识教育。教育劳动教养人员正确认识社会主义市场经济，了解市场经济的主要特征、规律与规则，培养劳动教养人员诚实信用、遵纪守法、公平竞争、勤劳致富的主体意识。

第二，正确的择业观教育。教育劳动教养人员正确认识社会、正确认识自己、正确对待劳动就业岗位，主动适应社会、不断完善自我，自立、自强、脚踏实地，做一个自食其力的劳动者。

第三，职业技能教育。要根据社会劳动力市场的职业需要和劳动教养后的就业实际，并根据劳动教养人员自身的素质和场所现有条件，开展形式多样、注重实效的培训内容。当前，我国劳动教养场所都普遍开展了适应社会需要的周期短、见效快的综合职业技能培训，主要包括：家用电器维修、裁剪缝纫、烹饪、美容美发、家禽饲养、果木园艺、木工、瓦工、电工及汽车农具车维修等。

第四，生产岗位技术培训。根据劳动教养人员在习艺劳动中所从事的不同岗位、不同工种，有针对性进行上岗技术培训、岗位技术等级考核，使他们能尽快掌握专业技能，适应生产劳动的需要。

（3）职业技术教育的形式。

第一，集中办班的形式。按国家的有关规定评定技术等级，发放技术合格证书。

第二，在生产实践中以老带新，边干边学，包教包学。

第三，开展生产技术经验交流会和现场操作表演会。

第四，召开事故分析会、质量分析会、总结经验进行现场教学。

三、劳教人员习艺劳动教育的方法和艺术

（一）基本原理

1. 建立以教育科为核心、教学楼为主课堂、专职教师为主讲的"集中教学"模式。大队只负责入所教育、个别谈话教育和重点人员的教育，其他常规教育、技术教育全部教学课程统一由教育科组织，按照统一计划、集中上课、轮流进行、专人授课的方法实施。专人专职教学、教师相对固定讲课，使教员既有充裕的时间和精力熟悉讲课内容，又有充分的时间和精力备课、编写教案；有利于教员摸索教学规律，提高讲课效果和质量；有利于教育时间、人员、效果的落实；有助于教育基础资料的登记，促进教育质量的提高。

2. 坚持教育的多样性，提高教育的针对性、有效性。要充分利用所内与社会的教育资源，教育的手段、形式多样性，减少政治大课教育时间，扩大技术教育、辅助教育比例，改善教学的硬件条件，充分运用广播电视、"多媒体"等现代化教学方法，利用电化教学、院内新闻、图片展览、读书征文、演讲、书画竞赛、运动会、歌咏活动及心理咨询等辅助教育手段，创办特色教育，提高劳教教育的吸引力、亲和力，提高劳教学员的参与度。

3. 劳教人员技术培训全面创新。劳教人员的技术教育突出职业技能，立足于劳教人员解教后谋生就业的目的。结合劳教场所生产任务确定培训项目；本着本人自愿及个人财力确定培训人员；根据学员文化水平，针对不同类型的劳教人员，选择适合他们年龄、文化水平、能力等级的培训项目，如电脑操作、家电、自行车维修，理发、烹饪；果树栽培、农业技术，服装加工、皮鞋缝制、纸制品加工、物业管理等。

4. 劳教所可与劳动部门协作建立专门职业培训机构和中介机构。由政府劳动部门负责劳教人员的教学、考试、办证等全过程，把对劳教人员的技术培训纳入社会培训的轨道，及时为参加技术培训经考试合格的劳教人员办理资质证书，提高了劳教技术培训的档次和水平，也使其资质证书的效力和信誉度得到社会就业单位的认可。在场所设立职业中介点，为表现好、有一定特长的解教劳教人员提供职业中介服务，既解决少数表现好、有专业技能的劳教人员的出路问题，又能调动在所劳教人员服教、改造的积极性。

（二）工作流程

1. 理清思路，确定指标。每年年初，由分管所领导专门召集教育科的同志研究年度的技能培训工作，总结分析过去技术培训工作中的经验教训，确定当年技术培训工作的思路和培训指标、培训重点、工作措施和方法。技术培训立足于劳教人员回归社会谋生就业，立足于场所劳教生产的条件和项目，根据劳教人员文化程度、本人财力和意愿确定培训项目。

2. 周密计划，科学安排。在制订技术培训工作计划时，教育科要根据社会就业的需求和现实，从实用性、可能性出发，力求培训计划科学周密。坚持短、平、快的原则，妥善安排技能培训种类、培训时间、培训人数，满足不同教期、不同年龄、不同文化学员的需求。

3. 严格措施，注重技能培训效果。为了防止职业技能培训工作流于形式，确保劳教人员的技术培训取得实效，可以采取以下措施：

（1）生产指标及任务的扣减。年初，在研究、下达年度生产任务指标时，给劳教人员的技术培训留下空间。同时，明确规定劳教人员参加技术培训可减免大队生产指标和扣减个人生产指标。规定凡当月参加技能培训的劳教人员不承担生产任务。

（2）改善培训条件。建立专门的技术教室，购置了电脑并联网，便于统一教学。

（3）解决培训经费。可以从劳教生产中拿出部分经费，作为劳教人员技术培训费用。凡符合条件参加技术培训的劳教人员，其培训费由劳教所解决，教材及证书的工本费由劳教人员个人承担。这样，可以为家庭经济困难的劳教人员减轻了培训负担，也使过去一些外地劳教人员想参加技能培训而无经济来源的问题得到了妥善解决。

（4）注重实际操作。在职业技能培训中，坚持理论与实际相结合，注重实践、注重实效，如自行车维修、理发培训班就应坚持多练习、多操作。

（5）严格奖惩措施。凡参加技术培训的学员，必须按时上课、严格遵守课堂纪律，严格依规程操作，按时完成作业。学员结业考试取得优秀成绩的给予5～7天的减期奖励。对培训期间违规违纪、结业考试成绩不及格的，不仅不发结业证书，还要视情给予5～7天的加期处罚。

（三）操作要领

1. 借社会之力，促进技能培训工作健康发展。劳教所进行劳教人员培训要积极取得政府和社会的支持。劳教所要与社会上的劳动和社会保障局联系，将劳教人员的技术培训纳入政府和社会就业培训范围，进而向政府申请培训经费，不仅使劳教人员技术培训的经费得到较好解决，更重要的是把劳教人员的技术教育纳入整个社会再就业培训之中，使其更加规范，更加完善，更具合理性和影响力。

2. 借助政府专门培训机构实施技能培训。与当地的劳动和社会保障局劳动就业培训中心合作，实施劳教人员的技能培训工作，充分利用社会技术培训资源。由政府就业培训中心负责劳教人员的技术培训工作，包括培训计划、授课、考试、改卷、发证等。为了使技能培训工作健康发展，劳教所可以与当地的就业培训中心签订共建帮教协议，明确各自的职责、任务。与社会机构合作，还可以利用社会宣传媒体宣传劳教人员技术培训，扩大影响范围。利用政府专门培训机构实施劳教人员的技能培训，既可以充分发挥这些机构的师资优势、教学经验，提高劳教人员职业技能培训的教学质量和实际效果，同时，由专门机构负责培训、办证，具有较高的社会信誉度和专业权威性，便于劳教人员解教后谋生就业。

3. 建立职业中介机构。为了有利于劳教人员回归社会后解决谋生就业的问题，劳教所应积极探索、研究，依托当地劳动和社会保障局职业培训部门，建立场所职业中介机构，在场所内设立无偿为劳教人员就业服务的职业中介点，开展职业中介服务。定期与当地有关工厂企业（与本所生产往来的单位）、社区建立联系，为解教人员提供就业机会。

（四）问题协调

要正确处理三个关系，以促进教育、管理、生产同步发展。

1. 正确处理生产劳动与教育的关系。劳教生产和劳教教育目的是一致的，二者相互促进、相互提高。劳动本身就是一种特殊的教育活动，劳教人员通过劳动锻炼消除不劳而获的意识，养成热爱劳动的习惯；通过劳动锻炼他们的意志、毅力，起到矫正的作用。为此，劳动作为一种教育手段在任何时候都必须坚持，任何忽视劳动作为教育挽救手段的观点都是错误的。劳动中有教育，教育又促进劳动，只有提高了思想认识，转变了错误观念，改掉了不良恶习，劳教人员才能自觉参加生产劳动。要统一思想认识，妥善安排好生产与教育的时间，正确处理好两者的关系，保证教育时间的落实。实行"所企分开、双轨运行"。将发展潜力大、前景好的纯工人和农场企业分离出来，按照市场竞争法则自由参与市场竞争。使领导集中精力谋主业，干警一心一意抓管教。

2. 正确处理教育与管理的关系。劳教人员大多存在不良习惯，吸毒劳教人员更是恶习种种。如何改变他们的恶习，绝非仅靠教育所能够完成的，必须通过多种方法，其中管理工作就是重要手段。严格的队列训练和行为规范培养、奖惩措施的激励与约束、专项整治和对违规违纪的处罚等措施都是管理中行之有效的手段。通过上述手段，使劳动教养人员矫正恶习，养成良好的行为举止、生活习惯。在实际工作中不可偏颇，必须两者一起抓，齐头并进、全面提高。

3. 正确处理严与宽的关系。讲文明和宽松不否认严格管理。文明管理、宽松管理都是在依法管理的情况下进行的。依法管理、严格管理、科学管理、文明管理是一个整体，应把场所的一切管理教育活动纳入法制轨道，纳入社会的监督之中。要向着宽严相济、管理有序、教育有效、生产发展的良好格局努力。

（五）实训规程

1. 劳教所培训以给合作方培养熟练工为突破口。

（1）劳教人员解教后所掌握的知识技能长时间得不到运用很可能恢复到"零状态"，从而失去参与就业竞争的机会，针对该种情况，劳教所可以特聘生产项目合作方的技术人员作为来所的兼职职业技术教育老师，长期为劳教所的生产技术提供技术指导和帮助。

（2）在劳教人员中广泛开展"为了明天，今天努力掌握技术"的活动，并通过"学啥、练啥、比啥"的习艺劳动大比武，根据用工问卷选择进行针对性强化培训，为合作方节约技术培训成本。

（3）积极开展与项目合作方的交流沟通，请合作方的经理、人事部、生产部等部门负责人到所里参观指导，积极为合作方推荐解教劳教人员，使合作方认识到安置劳教人员就业是社会各界的共同责任。这样做可以把劳教场所作为其用工的培训场地，缩短新工人到熟练工的期限，降低合作方培训的费用，何乐而不为呢？如江苏某劳教所的缝纫加工、缝皮球、轧鞋底等生产项目就先后为江苏、山东等地的合作方输送了掌握该生产项目的解教劳教人员，得到合作方的肯定。

2．奖励与处罚。对取得合格证书或技术等级证书，在劳动教养期间表现好的劳动教养人员可给予奖励。符合减期或"三试"条件的，可给予减期或办理"三试"手续，对表现突出的，还可以提前解教。对学习期间严重违纪的劳教人员，视情节按有关规定予以处罚。

3．教育培训经费。职业技术教育培训经费，可以从劳动教养人员的教育经费中开支，也可以依照劳动等部门职业技术教育经费的有关规定向劳动教养人员适当收取，不足部分可以从生产收入中提取。对于改造表现较好、家庭经济困难、无力支付培训费用的劳动教养人员，应适当减免其费用。

应当充分利用国家对劳动预备制定点培训单位的优惠政策，争取当地政府对劳动教养场所职业技术培训的经费补贴。

对劳动教养人员职业技术教育的各类费用应单独建立账目，独立核算。职业技术教育经费由劳动教养教育部门统一掌握，用于劳动教养人员的教育工作，不得挪作他用。

劳动教养场所应按照"两公开、一监督"的规定，将开设的职业技术教育项目名称、培训时间、收费标准、经费使用情况等，向劳教人员及其家属公开，接受监督。

第八章　劳教人员习艺劳动行为控制

【案例介绍】

某中队劳教人员习艺劳动收工时发现套口车间少了一把剪刀（刀具类的违禁品是不允许劳教人员带入生活区的），这时，劳教人员陈某某大声叫道："套口的（劳教人员）都回去！"中队长小倪听到了便问："谁在叫？"陈某某也不回避，说："是我叫的，以前少了剪刀不都是这样安排的吗？"于是中队长便说："你有权利安排劳教人员吗？""没有。"陈某某自知理亏，但仍强词夺理道："我这样说是不是影响你的威信了，如果这样，我以后不说话就是了。"中队长当场对其进行了严肃的批评教育。

次日，有劳教人员向中队报告，陈某某回宿舍后，将"两只老虎"的歌词改编成"两只小狗"，指桑骂槐，污辱警官。

中队经集体讨论，决定上报材料将陈某某送严管中队实行封闭式管理。1个月后，陈某某写信给所纪委，对送严管中队不服，声称编歌词是骂打小报告的劳教人员，而非骂警官。

中队对此事的处理是否妥当？

应当说，中队长对前期情况的处理是妥当的：①个别劳教人员缺乏身份意识，不知道什么该说，什么不该说，作为民警应该及时给予提醒；②对劳教人员公开挑衅，作为中队领导必须给予应有的反驳，以维护管理民警的权威。

而中队对后期情况的处理略显草率：①民警必须掌握第一手资料，不能偏听偏信；②中队应该安排分管民警找陈某某进行一次专题谈话，弄清缘由，对症下药，而不是简单地一送了之。

工作情境一：劳教人员习艺劳动中的行为表现

（一）行为表现概述

所谓行为，是指受思想支配而表现出来的活动；所谓表现，是表示出来的行为或作风。劳教人员习艺劳动中的行为表现主要有两类：①维护正常的习艺劳动秩序，提高习艺劳动效率，有利于习艺劳动正常开展的积极行为；②破坏性、干扰性的消极行为。

（二）劳教人员习艺劳动中行为表现的内容

1. 积极的行为表现。

（1）劳动态度端正，按时参加习艺劳动，服从分工。这里所谓的"劳动态度端正"，是指劳教人员根据自己的身体情况、劳动技能，尽力而为地参加生产劳动。如劳教人员郑某，右腿高位截肢，虽安装了假肢，由于不太合适，行动仍不方便。但郑某不以自己的残疾为借口，尽自己的能力参加中队组织的习艺劳动，这就是劳动态度端正的一种表现。

（2）掌握习艺劳动技能，爱护生产设施和劳动工具，节约生产材料，保持习艺劳动环境整洁卫生。爱护生产设施和劳动工具，是指劳教人员在习艺劳动过程中，对生产设施和劳动工具要勤擦拭、勤保养，不随便拆毁，不随意丢弃。如劳教人员王某，在操作打孔机时，为追求速度竟将打孔机的保险装置拆除，非但没有提高产品数量，还造成自己的右手大拇指骨折。

（3）严格遵守操作规程，不违章作业，不偷工减料，不降低产品质量或故意生产次品，不私自转让或交易习艺劳动成果。不违章作业，包含从事电工、锅炉工等特殊工种操作的劳教人员未取得有关证件之前，不得无证上岗。如劳教人员黄某，劳动教养前就从事锅炉工操作，并取得了相关的特种作业人员操作资格证书。劳动教养后，中队得知黄某有锅炉操作的技能，便安排其操作食堂锅炉。恰在此时，黄某锅炉操作证的期限已到，需更换新证。黄某向中队提出后，中队认为黄某既然有这项技能，又是在劳教所内操作，换不换证无关紧要。中队的这种做法是错误的，特种作业人员操作证到期后，不经过培训按时更换新证，继续从事原工种操作，就是无证上岗。劳教所也是社会的一个组成部分，从事特殊工种的操作，同样需要相关的证件。这是规章制度的需要，更是安全生产的要求。不私自转让或交易生产劳动成果，是指劳教人员未经（民警）同意不得将自己生产的习艺劳动产品有偿或无偿地交给其他劳教人员。如劳教人员刘某，平时好逸恶劳，经常完不成习艺劳动任务，一次他与劳教人员张某商量，反正咱俩都完不成任务，还不如将你的产品给我，明天我再把产品给你，这样一举两得，我们都可以少扣分。这种行为在劳动场所是不允许的，因为这样就不能体现劳教人员的真实表现，也不能矫治劳教人员好逸恶劳的不良恶习。假如一名劳教人员因特殊原因（身体不适）没有完成生产任务，中队其他劳教人员经管理民警同意，无偿帮助其完成生产任务，使整个中队的习艺劳动得以正常开展，这种精神是值得大力提倡的。

（4）有习艺劳动定额能完成当月任务的，在关键技术岗位完成当月习艺劳动任务的，超额完成习艺劳动定额的。在关键技术岗位完成当月习艺劳动任务，是指从事工艺、检验、设备维修的劳教人员态度端正，到岗尽责，确保习艺劳动的正常运转。如劳教人员王某，从事羊毛衫横机的维修，由于注重机器保养，横机的故障率较低。年终评比时有些劳教人员就认为王某平时比较空闲，不同意将其推荐为文明学员候选人。中队民警讨论时则认为，正因为王某从事的是"关键技术岗位"，敬业精神至关重要，王某未雨绸缪，注重保养，才确保了机器的高效运转，大大提高了习艺劳动的生产效率，这种习艺劳动的态度和精神，正是值得其他劳教人员学习的。

（5）无习艺劳动定额，完成当月分配任务的，在休息日坚守岗位的。无习艺劳动定额劳教人员，是指担任炊事员、值班员、监督员、护理员、杂务、后勤、统计、施工、工艺、检验、维修等无量化劳动定额的劳教人员。如劳教人员陈某，在劳教人员食堂担任炊事员，春节期间由于改善生活，工作量大增，陈某不叫苦、不叫累，自觉延长劳动时间，与炊事班劳教人员一起保质保量地完成了节日的伙食供应，得到了民警和劳教人员的好评。

（6）合理化建议被采纳的。合理化建议，是指对确保管教、生产安全、提高习艺劳动产品的数量和质量有明显效果的意见和建议。如劳教人员陈某，从事服装车间的裁剪工种，通过不断实践向中队提出一种新型的裁剪方式——套裁法，可节省布料20%，这类对提高习艺劳动产品的数量有明显效果的建议，应属合理化建议的范畴。

（7）及时发现生产事故苗头，避免事故发生的。如劳教人员黄某是羊毛衫蒸烫工艺间的组长，在协助民警管理习艺劳动过程中认真负责，有段时间天气比较潮湿，劳教人员洗好的衣服难以自然晾干，有一部分劳教人员就将衣服晾在了烘干机的后面，由于烘干机的线路暴露在外且已老化，有时会漏电，给安全生产带来了隐患。黄某发现这一问题后及时向民警报告，中队安排电工对线路进行了维修，排除了隐患，避免了事故的发生。又如中队安排劳教人员叶某负责布片的切割，该切割机是利用一根金属丝通电后产生高温来对布料进行切割分离的。一天，叶某因为中途去卫生间忘了关切割机，机器边上又堆放了大量衣片，其中一件衣片正好掉在了已经烧红的金属丝上，此时在一旁劳动的劳教人员李某闻到了焦味，发现了切割机金属丝引燃衣片，迅速将机器的电源关闭，用自己饮用的开水将衣片上的火苗扑灭，避免了事故的发生。

（8）发明、革新或合理化建议取得成效的。如劳教人员张某从事套口工种，对套口的工艺技术也是相当熟悉，前不久他向民警反映套口劳教人员的凳子偏高，使得大部分劳教人员在习艺劳动中感觉脖子难受，所以他建议改换所有套口人员的凳子，将凳子降低10厘米，民警采纳了他的建议，更换了凳子。这一项小小的变动，一方面体现了民警在管理劳教人员过程的人性化成分，另一方面也提高了劳教人员习艺劳动的效率。

（9）获得地市级、省级、国家级现代化管理成果奖、科技质量成果奖的。

（10）在习艺劳动中有其他突出成效的。如2004年某劳教所为转移戒毒劳教人员对毒品的生理和心理依赖，维护场所矫治秩序，促进劳教人员的行为养成，在劳教人员中作出了禁烟的规定。但个别劳教人员恶习难改，不惜通过种种手段花重金纵容外来人员携带香烟，供他们在所内吸食。一次，劳教人员郑某发现一名组长伙同仓库保管员在仓库内吸烟，发现有人后随即将点燃的香烟塞进化纤布料内，结果引起仓库着火。郑某不顾化纤布料着火后散发的有毒气体，奋力扑救，终于与其他劳教人员一起将大火扑灭，受到了民警和劳教人员的好评，还被缩短劳动教养期限3个月。

劳教人员在习艺劳动中的上述行为表现是值得肯定的，也是劳教所应大力提倡的。

2. 消极的行为表现。

（1）无正当理由不完成生产定额的。这里所谓的无正当理由是指没有合理合法的理由。如劳教人员沈某一段时间，生产定额完成较差，管理民警对其批评教育时，沈某强调近期妻子不来信，又不寄钱来，心情不太好，所以完不成生产定额。严格地说，这是完不成生产定额的"理由"，但不是"正当"的理由。正当的理由是既要合理又要合法，比如肢体残疾、身体不适、在习艺劳动过程中民警又安排了新的任务等。如果劳教人员都以"心情不好"为由，拒绝完成生产定额，那么劳教场所正常的习艺劳动秩序就难以维护。

（2）消极怠工、偷工减料、弄虚作假的。弄虚作假，是指要花招，欺骗民警或质量检验人员的行为。如劳教人员李某，在加工浴巾过程中，偷工减料，将包边工序擅自由双包改为单包，严重影响了产品质量。质检员检验时，李某又将合格的产品包在外面，企图蒙混过关。这就是比较典型的弄虚作假行为。

（3）不服从习艺劳动任务分配或工种安排的。如劳教人员王某因为患有颈椎病，对此中队多次带其去医院治疗，医生诊断此病比较轻微，对参加一般的习艺劳动并无大碍，建议民警在分配工种时给予适当的照顾。中队安排王某剪线头的轻活，但是王某却以自己是病人为借口，拒绝参加剪线头劳动，习艺劳动时间还在车间睡觉，对此中队民警对王某进行了严肃的批评教育，在教育无效的情况下，按抗工对其进行了处理。

（4）当月消耗生产原材料超过规定指标的。消耗生产原材料超过规定指标的，是指劳教人员操作不当或者故意浪费，造成原材料不应有的损耗。如某中队在加工羊毛衫的过程中，发现原材料——毛纱损耗较多，大大超过了规定指标。经过调查，发现是因为天气寒冷，部分劳教人员将毛纱当鞋垫用于保暖。中队民警了解这一情况后，对部分生活困难的劳教人员发放了防寒物品，这既体现了以人为本的管理理念，又有效防止了原材料的不必要消费。

（5）违反工艺要求和操作规程的。如劳教人员刘某因为在社会上从事过羊毛衫加工的劳动，对羊毛衫的工艺流程比较熟悉，因此劳动教养期间中队就安排其担任组长，协助民警管理羊毛衫的生产。一次在做新产品时，刘某在没有详细了解此款衣服工艺并取得现场管理民警同意的情况下，凭直觉把衣服工序安排给各小组，结果造成100多件衣服出现了严重的质量问题，厂家要求按报废处理。劳教人员刘某仅凭自身的经验，在没有取得民警同意的情况下，做出违反规定的行为，是造成这次质量事故的直接原因。

（6）违反工具保管规定的。工具保管规定是指劳教场所特有的管理要求。

尤其是刀具类工具的管理，更是有特殊的要求，出工后有专人发放，使用时有铁索固定，劳动中有专人检查，收工时有专人收回等。如某中队在收工时发现少了一把纱剪，为了确保刀具不流入劳教人员生活区，中队将已经下班的民警全部召回，对进入生活区的劳教人员和习艺工场进行彻底的清查，直到晚上 10 点找到纱剪为止，确保了劳教场所的安全无事故。

（7）违反定置管理规定的。定置管理规定，是指习艺工场的各类物品必须有固定的位置，任何人使用后都应放回原处，便于管理和使用。如某中队在加工服装过程中，部分劳教人员责任心不强，将半成品堆放在成品定置区。出货装车时，不少半成品被当作成品装车运走，给厂家造成不应有的损失，也给劳教所带来了负面的影响。

（8）违反质量管理制度的。如 2005 年从事服装裁剪工种的劳教人员李某，为简化工序，经不住其他劳教人员的劝说，私自更改工艺，不按图纸裁剪，造成一个批次的服装退货。

（9）丢失、故意损坏习艺劳动工具的。如劳教人员周某某因与其他劳教人员争吵被罚了分，一段时间怨气很大，总认为自己争吵不是什么大事而且也没有造成严重后果，民警对他罚分是处理重了，周某某就将这怨气发泄到自己的劳动工具横机上。由于周某某故意不按操作规程作业，使机针大量撞断，周某某的行为是以破坏劳动工具来发泄自己的不满。又如 2006 年 11 月，劳教人员朱某某将剪线头的小剪刀放在习艺车间的桌子上，上厕所回来后，发现剪刀不见了。中队民警虽然组织人员在习艺车间开展了一个下午的清查，收工前又对全体劳教人员身上进行检查，仍无结果。期间中队民警向大队及所部领导作了汇报，在所领导的过问下，中队再次进行清查，结果在车间配电箱内找到。

（10）利用习艺劳动工具及生产原材料私制其他物品的。利用劳动工具及生产原材料私制其他物品，是指劳教人员未经管理民警同意，利用劳动工具及生产原材料加工除劳动产品以外的物品。如某中队个别劳教人员在服装加工过程中，利用多余的布料，为自己制作内衣内裤，中队民警发现后，除给予严肃的批评教育、扣除相应的分数外，还责令这些劳教人员赔偿布料的损失。

（11）"无习艺劳动定额" 劳教人员未完成分配任务的。如劳教人员刘某在劳教人员食堂担任炊事员，一次因为劳动期间看书，耽误了供气，造成了全大队200 多名劳教人员不能按时吃午餐，这是 "无习艺劳动定额" 劳教人员未完成分配任务的典型事例。

（12）以不正当手段换取习艺劳动产品。以不正当手段换取劳动产品，是指劳教人员通过不合法、不合理的方法，从他人处获得劳动产品。如劳教人员余某好吃懒做，劳动教养后仍不想用劳动的汗水洗涤以往的污垢。一次他与一名外来师傅商量，让老家的妻子将钱寄给外来师傅，再由外来师傅带进劳教所交给他，便于他用钱向其他劳教人员"购买"习艺劳动产品，达到不劳而获的目的。该外来师傅及时向中队民警反映了这一情况，中队对余某进行了有关劳动的意义、作用方面的教育：从劳动创造了人一直讲到劳动可以改造人，连溥仪这样的末代皇帝通过劳动都能改造好，为什么你要惧怕劳动呢？一席话说得余某心服口服，从此他静下心来，踏实学艺，还向其他劳教人员虚心请教，不久还成了中队的生产能手。

（13）发现生产事故隐患，不及时报告或排除，放任事故发生的。如劳教人员张某，从事电动缝纫机的操作，一次发现缝纫机电线破损，为了不耽误工时，张某既没有报告管理民警，也没有要求电工进行维修，结果引起电线短路，造成全车间停电。

（14）对发生安全生产、设备事故负有直接责任的。如劳教人员江某在食堂担任锅炉工，一次在烧锅炉过程中发现保险阀有漏气现象，竟违反操作规程用砖块压在保险阀上，结果造成锅炉爆炸，两名劳教人员一人重伤、一人轻伤的严重后果。江某对这次锅炉爆炸负有直接责任。

（15）私藏生产资料、产品和技术资料的。如劳教人员曹某某在中队加工牛仔裤，发现裤子的样子、质地都比较好，所以曹某某就有了贪念，趁民警和其他劳教人员不注意时，将一条裤子带回宿舍藏匿起来，次日，曹某某将裤子偷偷与其他大队的劳教人员交换方便面等零食。

（16）抗工、旷工的。如劳教人员钱某是一名"多进宫"劳教人员，入所之后矫治态度就不端正，经常与其他劳教人员争吵打架，且屡教不改。一日钱某又声称自己心脏有病，不能劳动，要求在宿舍休息，民警将其带往医院诊断，结果心脏无异常症状，但钱某认定自己有心脏病，认为医生误诊，并以此为理由拒绝习艺劳动，即使出工也不出力，这就是抗工、旷工的一种表现。

（17）违章操作造成严重后果的。如2006年劳教人员魏某在服装加工中从事打扣眼工种，魏某为了贪图方便，把打扣眼机上的安全栓私自拔掉，在打扣眼过程中，操作不慎，造成左手食指被扣眼机打伤一节。

（18）违反质量管理制度，造成严重质量事故的。如某中队在加工一批新款羊毛衫过程中，劳教人员组长许某片面追求进度，将本小组细针工序擅自改为粗针，结果造成一个批次的羊毛衫全部报废。

（19）有其他违反习艺劳动制度规定，情节严重的。其他违反习艺劳动管理制度规定、情节严重，是指劳教人员除违反上述习艺劳动纪律外，违反习艺劳动管理制度规定的其他严重行为。如某劳教所为转移劳教人员对毒品的生理和心理依赖，维护场所改造秩序，促进劳教人员的行为养成，在劳教人员中作出了禁烟的规定。极少数劳教人员不顾劳教所的明文规定，通过外来师傅带入香烟、打火机等违禁品，在仓库、保管室等易燃易爆场所抽吸，形成了极大的安全隐患，这就是情节严重的其他违反习艺劳动管理制度规定的行为。

劳教人员在劳动教养期间的上述行为表现属消极行为，是劳教所应坚决反对和必须控制的。

工作情境二：劳教人员习艺劳动中不良行为控制的方法及措施

（一）不良行为概述

不良行为是劳教人员在习艺劳动中表现出来的一种破坏性、干扰性的消极行为。这种行为会破坏习艺劳动的秩序，降低习艺劳动的效率，干扰习艺劳动的正常开展。

（二）控制不良行为的方法

劳动教养场所对劳动教养人员应遵循"教育、感化、挽救"的方针，坚持提高矫治质量这一首要标准，贯彻理论联系实际，因人施教、疏通引导、以理服人的原则，采用规范、约束、陶冶、控制、监管等方法，矫正劳教人员的不良行为，来保证劳教人员习艺劳动的正常实施。

1. 法律规范法。所谓法律规范法，就是运用国家颁布的有关劳动教养方面的法律、法规，来规范劳动教养人员在习艺劳动中的行为，以预防和惩治违法行为发生的措施和途径。法律规范法具有鲜明的强制性，这是由法律的本质属性决定的。我国有关的劳动教养法律法规不仅明确规定了劳动教养人员在劳动教养期间具有劳动能力的都必须依法参加习艺劳动，在这一点上绝对不能等同于社会一般公民，这是劳动教养人员在劳动教养期间的法定义务。

如劳教人员韦某某分入中队后，不认真学习习艺劳动技能，寻找各种理由逃避劳动，2007年11月1日韦某某在习艺劳动现场用剪刀实施自伤自残，严重扰乱了劳动教养场所正常的习艺劳动秩序，性质恶劣、影响极差，被劳动教养委员会延长劳动教养期限2个月。

2. 制度约束法。劳教人员习艺劳动的过程需要建立良好的秩序，需要使人、机、物、时间等因素达到一种平衡状态，而这就需要建立一系列的规章制度进行管理和控制。所谓制度约束法，是指以一定的规则、章程、规范、标准来限定、引导劳教人员习艺劳动行为的控制和制约途径。制度约束法在控制劳教人员习艺劳动行为，促进劳教人员习艺劳动矫治功能的实现，维护劳动教养场所的生产和管教秩序，合理保护劳动力，防止国有资产流失、促进其保值增值等方面都有重要的作用和意义。

《浙江省劳动教养人员计分考核与奖惩实施细则》（见附件一）

《浙江省劳动教养人员三种管理模式实施细则》（见附件二）

3. 环境陶冶法。劳教人员习艺劳动活动是在一定的环境下实施的。劳教人员习艺劳动效益的实现依赖于环境的优化和支持，没有良好的外部环境，劳教人员习艺劳动秩序就难以维护，习艺劳动效益当然也就难以实现，甚至还会使习艺劳动过程变为罪错伎俩传播和不良因素滋生的温床。因此，注重良好环境的培育，发挥良好环境对劳动教养人员的陶冶和矫治功能，并挖掘良好环境对劳教人员习艺劳动消极行为的抑制和矫正作用，是劳动教养人员习艺劳动矫治活动中应认真研究的一个重要课题。所谓环境陶冶法，是指劳动教养机关有意识地培植一种适宜劳动教养人员习艺劳动矫治的环境，并用环境的积极功能对劳动教养人员消极行为进行抑制、对积极行为进行带动的措施和途径。

如劳教人员蔡某某因长期完不成劳动定额，又没有正当的理由，被延长劳动教养期限1个月。延期后，蔡某某不服，写信给劳教所纪委，反映劳教人员食堂伙食差，造成自己营养不良；反映中队民警私拆信件，侵犯自己的隐私；反映民警有接受劳教人员饮料的不廉洁现象，形成事实上的执法不公。尽管蔡某某反映的上述问题，与其延长劳动教养期限不存在必然的联系，但劳教所的各项工作都是一个整体，相互之间都是有关联的，要让劳教人员心悦诚服地接受矫治，就必须解决一切能使劳教人员产生思想顾虑的问题，即使一时解决不了，也应向劳教人员说明理由，以获得劳教人员的谅解。

4. 信息控制法。所谓信息控制法是指劳动教养机关在组织劳动教养人员习艺劳动中利用信息分析、现代监控等手段对劳动教养人员在习艺劳动中的行为进行约束和引导的措施和途径。劳动教养人员在习艺劳动中的行为表现，是建立在一定思想、心理反应和情绪变化基础上的。通过劳动教养人员异常的行为举止，往往就能摸排和预测劳动教养人员所要产生的行为轨迹。因此，对劳动教养人员在习艺劳动中的信息进行收集、整理、分析、判断，并进而预测劳动教养人员习艺劳动矫治行为是非常重要的。当然，个别劳教所为了能及时掌握劳教人员的思想动态和家庭变故，预防突发事件的发生，不惜以查堵违禁品的名义拆阅劳教人员的信件，这种做法不仅欠妥，而且是明显违反劳动教养法律法规的。

5. 民警监管法。所谓民警监管法，是指充分利用劳教工作人民警察对劳动教养人员进行直接管理的便利条件，对劳动教养人员在习艺劳动中的行为进行监督和控制的措施和方法。劳教工作人民警察是对劳动教养人员实施行政措施的执行者，是劳动教养人员习艺劳动管理的主体，是对劳动教养人员进行习艺劳动矫治的重要力量，也是对劳动教养人员进行教育、矫治、监督、控制的直接力量。因此，从某种程度上说，劳教工作人民警察就是政府的"化身"及代言人，不少劳动教养人员也正是从管理民警的一言一行中，体会到党的政策和法律的尊严，如果管理民警没有充分认识到这一点，就可能因自己的一时冲动，带来极大的负面影响。

如劳教人员王某某，因劳动教养前发生车祸造成大脑受伤，有一定的思维障碍。送劳动教养后，在遵守纪律、习艺劳动等方面，表现都不够好。由于思维方面存在障碍，王某某对别人的言语，尤其是管理民警的话，往往不假思索，全盘接受。而个别民警恰恰利用这一点，来调动王某某习艺劳动方面的所谓"积极性"。在封闭式中队时，个别民警对他说，你把这里的技术学好，劳动定额完成了，你就可以回去了。因王某某当时刚来劳教所，对劳教所的习艺劳动还不适应，未能完成劳动定额。分到半开放式中队时，王某某已能勉强适应这里的习艺劳动了，这时又有个别民警对他说，你能达到这里劳教人员的平均劳动定额，就让你回家。王某某费了九牛二虎之力，好不容易争取到了中游水平，管理民警却没有权力释放其回家了，这下王某某不依不饶，直接写信给劳教所政委，声称管理民警知法犯法，不按时释放其回家。政委派专人经反复调查，才弄清了事情的来龙去脉，最后经过对王某某多次的思想工作，才解除了王某某的思想疙瘩。

（三）控制不良行为的措施

劳动教养人员的习艺劳动是在特定的环境中，在具有强制性设施和严格管理的条件下进行的。组织劳教人员习艺劳动的劳动教养场所是体现国家强制力的机关，是对劳教人员实行强制性教育矫治的机关，它以一整套完备的警戒设施、所规所纪、监控系统来控制不良行为的发生。

1. 专门的警戒设施。劳动教养场所一般都设有围墙、铁门等障碍性设施，并有警戒护卫队看守，把劳教人员控制在一定范围之内，使之与社会隔离。劳教人员一般只能在一定范围、区域内进行习艺劳动，不能超越警戒范围。超越警戒线的，要受到罚分处理；性质严重的，可以作为逃跑处理。一旦发生逃跑，除逃跑在外的时间不计入劳动教养期限之外，逃跑者本人还要受到延长劳动教养期限等行政处罚。如劳教人员张某某，自认为在部队是训练标兵，身体素质好，劳动教养后一直不安心矫治，1996 年 3 月 5 日在习艺车间翻越围墙脱逃，在外长达 9 个月之久。1996 年年底，劳教所派民警从四川老家将张某某追回。根据张某某的逃跑事实和消极对抗矫治的行为，经省劳动教养委员会批准，决定延长其劳动教养期限 10 个月，并确定张某某为难改正人员，对其实施重点帮教。

2. 严格的所规所纪。劳教人员的行为受劳动教养场所行为规则的严格约束。劳教人员习艺劳动必须在劳动教养工作人民警察的监督下按照规定完成生产定额，任何抗工、旷工、怠工、不服从分配等行为都将受到民警的批评教育和所规所纪的严厉处罚。如劳教人员黄某某，2005 年 3 月 2 日由某劳教所收容劳动教养。黄被分配到中队后，自称患有高血压、心脏病而消极怠工，顶撞管理民警，在习艺工场睡觉，对管理民警百般纠缠、无理取闹。2005 年 9 月 6 日黄在习艺工场大吵大闹，大喊"救命"，并实施冲击大门、用头撞墙等严重违纪行为，被调至严管中队实施严格管理。到严管中队后，黄的抗拒管教的行为不但没有收敛，反而变本加厉，从所谓的高血压、心脏病发展为伪装腿不会走，拒绝参加日常教育矫治活动，拒绝配合治疗、无理取闹，实施踢门、谩骂、威胁并企图袭击民警，殴打、污辱帮教劳教人员等言行。劳教所共对黄治疗 83 次，带领外出县级以上医院治疗 3 次，住院 3 次，请专家来所会诊 1 次，黄某某仍不罢休，继续在中队无理取闹，并公然在劳教人员中散布反改造言论，造成极其恶劣的影响，最终受到延长劳动教养期限 5 个月的处罚。

劳教人员倪某某，2007 年 6 月 12 日由某劳教所收容劳动教养。2007 年 5 月 17 日，倪某某被乐清市公安局遣送入某劳教所，由于入所体检肝功能异常，GPT371.0u/L，并自称双下肢不能行走，劳教所作出了暂行羁押、待上级医院确诊后再作收容或不予收容的意见。2007 年 6 月 7 日，劳教所带领倪某某到市级人民医院进行核磁共振和肌电图检查，表明"未发现有明显引起不能行走的疾病"后作出了收容决定。倪某某因此责难劳教所不该收容，并以下肢不能行走为由，拒绝参加训练、学习、劳动等教育改造活动，拒不服从民警的管教，对民警的教育置若罔闻，不时谩骂民警、抹黑劳教所，一直躺在床上。劳教所多次安排其康复训练、进行专门检查，倪某某诬陷是劳教所害的、民警打的，扬言"把命给劳教所算了"。劳教所民警不放弃、不灰心、不泄气，用工作机制保障，用考核手段评价，用具体制度管人、管行为，切实加强应对抗改行为研究，提高规律性认识，加强对付抗改行为矫治方法的教育培训，消除矫治工作的陈规旧习，重视构建和谐的警教关系，尊重劳教人员的权益实现，最终倪某某在法律面前不得不承认错误。

3. 严密的监控系统。包括电子监控设施构成的"技防"和劳动教养工作人民警察组织的"人防"，如值班人员、护卫人员、民管会成员、班组长、劳教人员信息员秘密或公开监视以及心理咨询、心理矫治、个别谈话编织的"心防"等。如 2008 年底，某劳教所信息员反映，有 3 名温州籍的劳教人员准备了自制刀具和铁棒，预谋从习艺车间的仓库挖洞实施集体逃跑，中队民警了解这一情况后，迅速向上级反映，引起了劳教所领导的高度重视，组织专案组破获了这一案件，阻止了一起严重的脱逃案件。

（四）控制不良行为的操作要领

1. 进一步健全落实安全工作四项机制。强化领导，细化责任，严格考核奖惩，切实抓好民警直接管理、门卫、监控、劳教人员思想动态分析、信息员制度、人数清点、工具保管、安全检查、尿检、每日所情汇报和周一交接班会等一系列安全制度措施的落实。完善管教、生产、公共卫生和自然灾害等突发事件应急预案，组织学习并开展实战演练，使场所安全从单一的严防死守向建立长效安全防范机制推进。

2. 完善以"心防"为核心的四防体系建设。充分发挥心理咨询、心理矫治、季度文明执法经验交流会、劳教人员思想动态分析评比和大队每周点评会等载体的作用。开展经常性的警示教育，不断强化民警的安全稳定首位意识，增强安全防范工作主动性。加强装备和警戒护卫技能训练，建立特别应急处置队伍。完善场所巡逻道、围墙等设施，抓好监控网络建设，提升物防、技防和人防水平，逐步形成一套行之有效的安全防范体系。

3. 突出安全工作重点，强化措施落实。加强正规化管理，特别加强对重点环节、部位、时段和人员的管理、监控和包夹，强化对抗改、难改造劳教人员的管理教育。突出对班组长、关键岗位劳教人员和外来人员的管控，抓好违禁物品查禁防堵工作。充分发挥所领导值班带队督查、警务督察、业务科室督查、警戒护卫大队巡查、大队领导值班检查等各级督查巡查的作用，及时发现隐患，促进措施落实。适时开展纪律整顿和专题教育，切实做好场所安全保卫工作。如某劳教所 2009 年一季度通过督察、检查、巡查共发现重点环节、部位、时段的安全隐患 21 个，发放《督察通知书》计 18 份，要求 3 天内将处理意见和整改措施上报所督察分队（监察室），有效地确保了安全工作的重点和强化措施的落实。

附件一：

浙江省劳动教养人员计分考核与奖惩实施细则

第一章　总　则

第一条　为规范劳动教养人员（以下简称劳教人员）的考核奖惩工作，切实维护场所正常改造秩序，不断提高教育矫治质量，根据劳动教养法律、法规、规章和司法部劳教局《劳动教养人员计分考核办法（试行）》、《劳动教养人员三种管理模式实施办法（试行）》，结合我省劳教工作实际，制定本细则。

第二条　计分考核是对实施三种管理模式的劳教人员制定矫治目标，并根据矫治目标的实现情况，给予不同处遇或奖罚的一种考核方式。

第三条　计分考核结果是对劳教人员适用封闭、半开放、开放式管理和实施奖惩的依据。

第四条 计分考核应当遵循依法、合理的原则，公平、公正、公开的原则，惩罚与教育相结合的原则，警察直接考核的原则。

第五条 考核奖惩的种类：

（一）奖励：表扬、记功、物质奖、减少劳动教养期限（以下简称减期）、提前解除劳动教养（以下简称提前解教）；

（二）惩罚：警告、记过、延长劳动教养期限（以下简称延期）。

第六条 对封闭式管理阶段的考核以3个月为一个周期（其中留级封闭的以1个月为一个周期），对半开放式管理阶段的考核以6个月为一个周期，对开放式管理阶段的考核以1个月为一个周期。

第七条 计分考核实行日记载、周讲评、月公布、考核周期满兑现。兑现后，计分考核重新计算。

第二章 考核内容与奖惩办法

第八条 计分考核分基础分和奖罚分两部分，从劳教人员入所后次日起开始实施。每月基础分与奖罚分之和为劳教人员的月考核总分。

第九条 基础分考核内容分为遵守纪律、学习教育、生活卫生和习艺劳动四个部分。基础分为每日10分，其中遵守纪律3分，学习教育3分，生活卫生2分，习艺劳动2分。基础分每项的考核分满分和零分两种。

第十条 奖罚分的内容分为认错服法、遵规守纪、教育矫治、生活卫生和习艺劳动五方面。

第十一条 劳教人员同一行为符合2个或2个以上奖罚条件的，按分值高的予以奖分或罚分。

第十二条 劳教人员逃跑在外、逾假不归、所外执行、所外就医、抗工、旷工期间，不进行计分考核，但其原有考核分有效。

第十三条 劳教人员依法提起申诉、听证或复议的，不影响其计分考核。利用申诉、听证或复议等机会无理取闹的，应予以罚分或其他惩罚。

第十四条 劳教人员隐瞒真实身份的，从身份查实之日起取消所有累计奖分和行政奖励，原累计罚分及行政惩罚仍然有效，但主动坦白交待的除外。

第十五条 考核周期满计分考核累计分超过平均每日10分的，超过部分每10分可减期1天；不足平均每日10分的，不足部分每10分应延期1天；不到10

分的，按四舍五入兑现减（延）期。

第十六条 劳教人员年终被评为省级文明学员的，可给予奖分 150 分；被评为所级文明学员的，可给予奖分 120 分。

第十七条 劳教人员获表扬奖励的，可给予奖分 50 分；获记功奖励的，可给予奖分 100 分。全年获得表扬和记功奖励的人数不得超过全所年均在册劳教人员人数的 20% 和 15%。

第十八条 劳教人员被处警告处分的，应给予罚分 50 分；被处记过处分的，应给予罚分 100 分。

第十九条 劳教人员临解教前考核周期未满的，根据计分考核和行政奖惩情况予以减（延）期。

第三章 基础分计分标准

第二十条 劳教人员准、放假期间无违法、违纪行为的，按日基础分满分计分。

第二十一条 劳教人员因无习艺劳动任务、节假日休息等原因不能参加习艺劳动或学习教育的，按习艺劳动或学习教育日基础分满分计分。

第二十二条 劳教人员因病经批准治疗期间或工伤治疗期间，不能参加习艺劳动或学习教育的，按习艺劳动或学习教育日基础分满分计分。

第二十三条 劳教人员被罚分或受警告以上惩罚的，违纪行为发生当日相应的基础分为零分；自伤自残和被禁闭的，自伤自残治疗和禁闭期间的基础分为零分。

第二十四条 劳教人员考核期间达到下列要求的，基础分中的遵守纪律分可得满分：

（一）认清违法错误，对自身违法行为有较深刻认识，不隐瞒真实身份，主动交待余罪，身份意识明确；

（二）服从管理，自觉遵守所规队纪，对劳动教养决定或劳教所的奖惩决定不服时，能通过正当途径反映意见、申请复核，不采取过激或消极对抗行为；

（三）遵守《劳动教养人员守则》，熟记守则内容，每日对照检查，自觉严格遵守。

第二十五条 劳教人员考核期间达到下列要求的，基础分中的学习教育分可得满分：

（一）积极参加上级或劳教所组织的政治、文化、技术和其他学习教育活动，尊重授课教师，遵守上课纪律，学习态度端正，按时完成作业；

（二）积极参加上级或劳教所组织的各类文体娱乐活动、学习竞赛活动及社会帮教活动。

第二十六条　劳教人员考核期间达到下列要求的，基础分中的生活卫生分可得满分：

（一）遵守劳动教养人员日常生活规范，自觉搞好环境、内务和个人卫生；

（二）遵守各项生活卫生制度，积极参加劳教所组织的各类疾病防控宣传活动；

（三）遵守《劳动教养人员行为规范》，语言文明，称呼规范，衣着整洁，礼貌待人，遵守秩序，爱护环境。

第二十七条　劳教人员考核期间达到下列要求的，基础分中的习艺劳动分可得满分：

（一）劳动态度端正，按时参加生产劳动，服从劳动任务分配；

（二）掌握习艺劳动技能，爱护生产设施和劳动工具，节约原材料，减少非生产消耗和损失，保持习艺劳动环境整洁卫生；

（三）严格遵守操作规程，不违章作业，不偷工减料，不降低产品质量或故意生产次品，不转让或交易生产劳动成果。

第四章　奖罚分计分标准

第二十八条　劳教人员在认错服法方面符合下列条件之一的，可给予奖分或行政奖励：

（一）符合下列条件之一的，可奖 3～10 分：

1．检举揭发所内一般违纪行为，经查证属实的；

2．主动制止所内一般违纪行为，避免不良后果发生的；

3．在认错服法方面有其他较好表现的。

（二）符合下列条件之一的，可奖 10～30 分：

1．检举揭发所内严重违纪行为，经查证属实的；

2．主动制止所内严重违纪行为，避免不良后果发生的；

3. 在认错服法方面有其他良好表现的。

（三）符合下列条件之一的，可奖 30～50 分，表现突出的可给予行政奖励：

1. 检举揭发违法行为，经查证属实的；

2. 检举揭发隐瞒真实身份劳教人员，经查证属实的；

3. 提供线索，协助司法机关破案，有立功表现的；

4. 主动制止违法行为，避免不良后果发生的；

5. 在抢险救灾中表现积极的；

6. 在认错服法方面有其他优异表现的。

第二十九条　劳教人员在认错服法方面有下列行为之一的，应给予罚分或行政惩罚：

（一）有下列行为之一的，应罚 3～10 分：

1. 散布不认罪错言论的；

2. 谈论案情，交流作案手段的；

3. 散布腐化堕落思想的；

4. 阅读、收藏黄色书画，传抄非法宣传品或传播封建迷信、淫乱思想的；

5. 其他不认罪错、抗拒改造行为，情节较轻的。

（二）有下列行为之一的，应罚 10～30 分：

1. 散布各类反改造言论造成不良影响的；

2. 搬弄是非、挑拨离间，激化他人之间矛盾或造成他人违纪的；

3. 教唆他人实施违纪行为的；

4. 拉拢落后人员，打击积极改造人员的；

5. 打击报复、诬陷其他劳教人员的；

6. 对违法违纪行为知情不报、不制止或者故意隐瞒事实真相的；

7. 其他不认罪错、抗拒改造行为，情节较重的。

（三）有下列行为之一的，应罚 30～50 分：

1. 编造、传播谣言，对党和国家的各项方针、政策进行攻击、诽谤的；

2. 辱骂、诽谤、诬陷警察或其他工作人员，情节轻微的；

3. 利用上级领导检查或外来人员参观之机，使用不恰当的方式申诉，造成不良影响的；

4. 在所内非法"练功"、传播邪教思想或有维护邪教行为，或以其他方式

进行所谓"弘法"、"护法",情节轻微的;

5. 其他不认罪错,抗拒改造行为,情节严重的。

(四)有下列行为之一,应给予行政惩罚,构成犯罪的,移交司法部门处理:

1. 采取阻塞通道、阻碍通行、造谣惑众、起哄闹事、示威、静坐、绝食等手段扰乱场所正常改造秩序的;

2. 参与暴乱、动乱、冲所的;

3. 故意破坏所政设施,情节严重的;

4. 辱骂、诽谤、诬陷警察或其他工作人员,情节严重的;

5. 袭击警察或其他工作人员的;

6. 以暴力、威胁等手段妨碍警察执行公务的;

7. 在所内非法"练功"、传播邪教思想或有维护邪教行为或以其他方式公然"弘法"、"护法",情节严重的;

8. 其他不认罪错,抗拒改造行为,情节特别严重的。

第三十条 劳教人员在遵规守纪方面符合下列条件之一的,可给予奖分或行政奖励:

(一)符合以下条件之一的,可奖 3~10 分:

1. 发生争执时,做到骂不还口、打不还手的;

2. 包夹责任人认真负责,当月较好完成包夹任务的;

3. 当月积极协助警察做好其他劳教人员的帮教转化工作,表现突出的;

4. 劳教人员民管会成员或班组长当月认真协助警察维护学习、生产、生活等场所秩序,表现突出的;

5. 在遵规守纪方面有其他较好表现的。

(二)符合以下条件之一的,可奖 10~30 分,表现突出的可给予行政奖励:

1. 采用妥善方法处理他人之间或本人与他人之间的纠纷,避免、化解矛盾并经警察认可的;

2. 积极主动协助警察处理各类突发事件的;

3. 在遵规守纪方面有其他良好表现的。

第三十一条 劳教人员在遵规守纪方面有下列行为之一的,应给予罚分或行政惩罚:

(一)有下列行为之一的,应罚 3~10 分:

1. 无故拒签各种记录或凭证的；

2. 违反规定会见、通讯、通信及传递物品的；

3. 有辱骂、戏弄他人，与他人争吵及类似行为的；

4. 违反劳教所定期、限额购物等规定的；

5. 擅离活动现场定置区域的；

6. 违反队列、集合、讲评等各类集体活动纪律的；

7. 非戒毒场所内违反规定吸烟的；

8. 其他违规违纪行为，情节轻微的。

（二）有下列行为之一的，应罚 10～30 分：

1. 在禁烟场所吸烟的；

2. 擅自超越警戒范围的；

3. 投机取巧骗取奖分的；

4. 对来宾、领导、警察不注重礼节礼貌的；

5. 在教期间文身或帮助他人文身的；

6. 偷窃他人物品或所内超市商品，价值较小的；

7. 骗取、索讨他人钱物或委托外来人员私自购物的；

8. 有调换买卖、以物易劳、物利交易行为的；

9. 劳教人员民管会成员或班组长不负责任，发现违规违纪行为不及时汇报或制止，造成小组、大（中）队改造秩序混乱的；

10. 擅自与隔离、禁闭人员交谈，或为其传带信件和其他物品的；

11. 在他人争吵、斗殴时不加制止，或故意在旁起哄，或拉偏架的；

12. 包庇他人违规违纪行为的；

13. 打架斗殴，情节较轻的；

14. 不听从警察指挥，情节较重的；

15. 其他违规违纪行为，情节较重的。

（三）有下列行为之一的，应罚 30～50 分，情节严重的应给予行政惩罚：

1. 私自买酒、带酒、喝酒的；

2. 私收、私藏或使用现金、通讯工具等违禁品的；

3. 恃强凌弱、寻衅滋事或敲诈勒索其他劳教人员的；

4. 偷窃他人物品或所内超市商品，价值较大的；

5. 包夹责任人不负责任，造成被包夹劳教人员发生自伤、脱逃、自杀、行凶、破坏等事故的；

6. 值班劳教人员不负责任，造成其他劳教人员发生脱逃、自杀、行凶、破坏等事故的；

7. 为他人作伪证的；

8. 诈骗、赌博或变相赌博及从事迷信活动的；

9. 所外就医、所外执行后被决定收所，抗拒执行的；

10. 藏匿、抄写、传递、传播非法宣传品的；

11. 欺压、殴打、敲诈勒索其他劳教人员或利用岗位便利为自己牟利的；

12. 打架斗殴、持械伤人，情节较重的；

13. 私制、私藏刀具、锯条、绳索和易燃、易爆、剧毒等危险物品的；

14. 不听从警察指挥，对抗管教，情节严重的；

15. 其他违规违纪行为，情节严重的。

（四）有下列行为之一，应给予行政惩罚，构成犯罪的，移交司法部门处理：

1. 逾假不归的；

2. 预谋或实施逃跑的；

3. 协助他人逃跑或知情不报的；

4. 通过各种途径或手段贿赂警察的；

5. 有藏匿、传递、吸食、注射毒品等涉毒行为的；

6. 打架斗殴，持械伤人，情节严重或造成严重后果的；

7. 有自杀、自伤自残、行凶等严重扰乱场所秩序行为的；

8. 所外执行、所外就医期间重新吸毒或有其他违法或严重违纪行为的；

9. 其他违规违纪行为，情节特别严重的。

第三十二条 劳教人员在教育矫治方面符合下列条件之一的，可给予奖分或行政奖励：

（一）参加所级统考，成绩达到90分以上的，可奖5分；

（二）投稿被劳教所黑板报、墙报、广播采用的，每篇可奖3分；被劳教所所报采用的，每篇可奖3~5分；被《奋进报》或地市级以上报刊采用的，按篇幅长短和体裁情况，每篇可奖5~10分；每月各类报道分累计不得超过30分；

（三）经常参与出黑板报、墙报的，当月可奖3~5分；

（四）在全省统考中，成绩达到 90 分以上的，可奖 10 分；在全国统考中，成绩达到 90 分以上的，可奖 15 分；

（五）参加社会中等、高等教育自学考试，每合格一门，分别可奖 20 分、30 分；

（六）获得国家认可的初级、中级、高级技术等级证书或相应技术职称的，分别可奖 30 分、40 分、50 分；参加劳教所举办的各类实用技术培训，获县级以上劳动部门认可的职业技术培训证书的，可奖 10 分；

（七）经上级批准参加各项文化、体育、劳动及其他竞赛活动，取得大队一、二、三等奖的，分别可奖 5～10、3～5、1～3 分；取得所级一、二、三等奖的，分别可奖 10～15、5～10、3～5 分；取得省级一、二、三等奖的，分别可奖 30～40、20～30、10～20 分；取得部级以上一、二、三等奖的，分别可奖 40～50、30～40、20～30 分；

（八）检举揭发劳教人员作品有剽窃、抄袭、造假或者报道严重失实现象，经查证属实的，可奖 5～10 分；

（九）经批准外出宣传、演出或进行现身说法，表现积极的，每次可奖 5～10 分；

（十）被评为年度所级优秀报道员的，可奖 10 分；被评为年度省级优秀报道员的，可奖 20 分；

（十一）被评为年度文明大（中）队的，每人可奖 10 分；被评为年度文明小组的，每人可奖 5 分；

（十二）在教育矫治方面有其他突出表现的，可酌情给予奖分或行政奖励。

第三十三条　劳教人员在教育矫治方面有下列行为之一的，应给予罚分或行政惩罚：

（一）有下列行为之一的，应罚 3～10 分：

1. 小组学习、讨论不认真，记录马虎或随便走动、起哄，影响秩序的；

2. 上课迟到、早退、交头接耳、乱写乱画、看其他书报或者打瞌睡及其他违反课堂纪律的；

3. 考试成绩不及格的；

4. 无故不完成作业的；

5. 不按时上交总结汇报材料的；

6. 违反考场纪律，情节较轻的；

7. 其他违反教育矫治制度行为，情节较轻的。

（二）有下列行为之一的，应罚 10 ~ 30 分：

1. 无故不参加政治、文化、技术学习的；

2. 无故不参加集体组织的各类活动的；

3. 补考后考试成绩仍不及格的；

4. 收藏、传阅、观看未经警察审查、许可的书籍、画册、电子作品或者不按规定收听、收看广播、电视的；

5. 作品有剽窃、抄袭、造假或者严重失实的；

6. 违反考场纪律，情节较重的；

7. 其他违反教育矫治制度行为，情节较重的。

（三）有下列行为之一的，应罚 30 ~ 50 分，情节严重的，应给予行政惩罚：

1. 拒不参加考试的；

2. 违反考场纪律，情节严重的；

3. 其他违反教育矫治制度行为，情节严重的。

第三十四条 劳教人员在生活卫生方面符合下列条件之一的，可给予奖分或行政奖励：

（一）劳教人员有下列行为之一的，可奖 3 ~ 10 分：

1. 拾金不昧的；

2. 当月经常主动利用空余时间打扫公共卫生的；

3. 当月主动照料患病劳教人员的生活的；

4. 在生活卫生方面有其他较好表现的。

（二）劳教人员有下列行为之一的，可奖 10 ~ 30 分，表现突出的，可给予行政奖励：

1. 救死扶伤的；

2. 所在班组在劳教所季度考核中获优胜红旗的；

3. 在生活卫生方面有其他良好表现的。

第三十五条 劳教人员在生活卫生方面有下列行为之一的，应给予罚分或行政惩罚：

（一）有以下行为之一的，应罚 3 ~ 10 分：

1. 随地吐痰、便溺或乱扔果皮、纸屑等脏物的；

2. 不按规定着装或佩戴胸牌的；

3. 不使用文明用语，说粗话、脏话的；

4. 仪表举止不端正的；

5. 攀折花木、践踏绿地的；

6. 私自调换铺位、拼铺、裸睡的；

7. 私烧食物、伙吃伙喝的；

8. 不按规定洗漱或作息的；

9. 听到点名预令，不按规定端坐或站立的；

10. 被褥叠放、用具摆放不符合标准的；

11. 个人负责的卫生区域不合格的；

12. 其他违反生活卫生规范行为，情节轻微的。

（二）有下列行为之一的，应罚 10～30 分：

1. 故意损坏公共设施的；

2. 不遵守就餐纪律的；

3. 私自改变统一服装式样、颜色、标记或在服装上乱涂乱画的；

4. 故意浪费水、电、粮食等物品的；

5. 违反就医制度或浪费药物的；

6. 炊事人员违反食品卫生要求，尚未造成后果的；

7. 使用他人"一卡通"消费，数额较小的；

8. 其他违反生活卫生规范行为，情节较重的。

（三）有下列行为之一的，应罚 30～50 分，情节严重的，应给予行政惩罚：

1. 使用他人"一卡通"消费，数额较大的；

2. 炊事员违反食品卫生要求，造成不良后果的；

3. 伪造病情或提供假病历，企图达到所外就医目的的；

4. 装病、诈病或小病大养、夸大病情，以此相威胁或逃避改造的；

5. 故意隐瞒或感染、传播严重传染性疾病的；

6. 其他违反生活卫生规范行为，情节特别严重的。

第三十六条　劳教人员在习艺劳动方面符合下列条件之一，且出勤率达到劳教所规定指标的，可给予下列奖分：

（一）有劳动定额能完成当月劳动任务的，每月可奖 5～10 分；在关键技术岗位完成当月劳动任务的，可奖 10～20 分。超额完成劳动定额的，可给予相应奖分。劳教人员月劳动奖分累计不得超过 30 分。

（二）无劳动定额，完成当月分配任务的，每月可奖 10～20 分；在休息日坚守岗位的，每天可奖 2 分。

（三）符合下列条件之一的，可奖 10～30 分：

1. 合理化建议被采纳的；

2. 及时发现生产事故苗头，避免事故发生的；

3. 在习艺劳动中有其他较好表现的。

（四）符合下列条件之一的，可奖 30～50 分，表现突出的可给予行政奖励：

1. 发明、革新或合理化建议取得成效的；

2. 获得地市级、省级、国家级现代化管理成果奖、科技质量成果奖的；

3. 在习艺劳动中有其他突出成效的。

第三十七条 劳教人员在习艺劳动方面有下列行为之一的，应给予罚分或行政惩罚：

（一）有下列行为之一的，应罚 3～10 分：

1. 无正当理由不完成生产定额的；

2. 无定额劳动劳教人员未完成分配任务的；

3. 当月消耗生产原材料超过规定指标的；

4. 违反工具保管规定，情节轻微的；

5. 违反质量管理制度，情节轻微的；

6. 其他违反劳动管理制度规定，情节轻微的。

（二）有下列行为之一的，应罚 10～30 分：

1. 消极怠工、偷工减料、弄虚作假的；

2. 不服从劳动任务分配或工种安排的；

3. 利用劳动工具及生产原材料私制其他物品的；

4. 以不正当手段换取劳动产品的；

5. 擅自把生产工具或生产原材料带离规定区域的；

6. 违反工艺要求和操作规程的；

7. 违反定置管理规定的；

8. 违反工具保管规定，情节较重的；

9. 违反质量管理制度，情节较重的；

10. 其他违反劳动管理制度规定，情节较重的。

（三）有下列行为之一的，应罚 30~50 分，情节严重的，应给予行政惩罚：

1. 发现生产事故隐患，不及时报告或排除，放任事故发生的；

2. 对发生安全生产、设备事故负有直接责任的；

3. 私藏生产资料、产品和技术资料的；

4. 抗工、旷工的；

5. 违章操作造成严重后果的；

6. 违反质量管理制度，情节严重的；

7. 违反工具保管规定，造成严重后果的；

8. 有其他违反劳动管理制度规定，情节严重的。

第五章　考核组织与程序

第三十八条　省劳教局成立由分管局领导任主任，管理、教育、生活卫生、生产、法制、监察等部门负责人为成员的奖惩审批委员会，负责全省劳教人员计分考核和奖惩工作。局奖惩审批委员会办公室设在局管理处，负责办理日常的劳教人员考核、奖惩工作。

第三十九条　劳教所应成立由分管所领导任主任，管理、教育、生活卫生、生产、法制、监察等部门负责人为成员的奖惩审批委员会。所奖惩审批委员会办公室设在所管理科，负责对计分考核和奖惩工作的审核、审批和呈报工作。大（中）队应成立由大队管教领导、中队主要负责人及有关警察组成的劳教人员考核评审小组，负责本细则的具体实施。

第四十条　劳教所应建立劳教人员计分考核手册，由相关警察记载每日基础分和日常奖、罚分情况。

第四十一条　劳教人员基础分由相关警察考核记载，报中队审批；行政奖惩和一次性奖罚分在 30 分以上的，由分管警察提出建议，中队合议，大队考核评审小组审核后，报所奖惩审批委员会审批。一次性奖罚分在 30 分以下的，由分管警察提出建议，中队合议，大队考核评审小组审批，并报所奖惩审批委员会备案。

第四十二条 劳教人员逃跑在外，所外执行和所外就医被决定归所拒不返回，逾假不归和在所内抗工、旷工的时间不计算劳动教养执行期限。有上述情形的，由中队填写呈批表，提出意见，经大队、管理科审核，报分管所领导批准，并予以公告。

第四十三条 累计减期和提前解教期限，一般不得超过原决定劳动教养期限的1/2。累计延期不得超过1年。

第四十四条 奖惩应作出书面决定。提前解教和减、延期在90天以上（不含90天）的，省属劳教所报省劳教局审批，市属劳教所由市司法局审核后报省劳教局审批，并以省劳动教养管理委员会的名义统一制作提前解教、减期、延期决定书；90天以下（含90天）的，省属劳教所受委托自行审批（另有规定的除外），市属劳教所报主管司法局审批或受委托自行审批，并分别以省劳动教养管理委员会或市劳动教养管理委员会的名义统一制作减期、延期决定书。

第四十五条 劳教人员因检举、揭发等奖励不宜公开的，不予公示，由劳教人员本人签名后存入档案。

第四十六条 劳教人员的奖（罚）分应由本人签名，拒绝签名的，由相关警察签名注明事由，不影响奖（罚）分的实行。

第四十七条 奖惩决定应向劳教人员本人宣布，经其本人签名后存入档案，拒绝签名的，由2名以上警察签名，注明情况，不影响奖惩决定的执行。向劳教人员送达奖惩决定时，应告知其救济的权利。

第四十八条 劳教人员的解教材料应在解教前1个月上报。

第六章　考核监督

第四十九条 劳教所应对大（中）队执行劳教人员计分考核制度情况实施检查，认真分析和解决执行过程中出现的情况和问题并及时向省劳教局报告。

第五十条 劳教所应主动接受驻所检察部门对计分考核工作的监督，配合纪检、监察等部门及时处理劳教人员及其家属对计分考核工作的投诉、举报。

第五十一条 劳教所应设立所长、奖惩审批委员会等投诉信箱，公布举报投诉电话，及时、公平、公正地处理劳教人员及其家属举报或投诉的有关问题。

第五十二条 劳教人员对奖、罚分和行政奖惩决定有异议时，可以在考核分和行政奖惩决定公布之日起3个工作日内以书面形式向劳教所提出申辩或按照决定权限向上一级领导机关提出复核申请。劳教所或上一级领导机关应当自收到申辩意见或复核申请之日起 5 个工作日内作出答复。对符合规定条件，劳教人员提出聆询申请的，应组织聆询。

第七章 附 则

第五十三条 未成年劳教人员和未成年收容教养人员适用本细则进行考核，但奖励幅度和比例可高于成年劳教人员，惩罚幅度应低于成年劳教人员。

第五十四条 第 28 条、第 36 条第 3、4 项的奖分或行政奖励应有相关部门的证明材料。劳教人员在年度文明大（中）队、年度文明小组中未满 3 个月的不能获得第 33 条第 11 项奖分。

第五十五条 无劳动定额劳教人员是指担任教员、炊事员、值班员、监督岗、护理员、杂务、后勤、统计、施工、工艺、检验、维修等无量化劳动定额的劳教人员，其中工艺、检验、设备维修属关键技术岗位。

第五十六条 具备省级文明学员的基本条件：

（一）认错服法，服从管教，自觉与恶习决裂；

（二）熟练掌握《劳教人员行为规范》和《劳动教养人员日常生活规范》，模范遵守所规队纪；

（三）连续考核 9 个月以上；

（四）符合省劳教局规定的其他条件。

第五十七条 具备所级文明学员的基本条件：

（一）认错服法，服从管教，自觉与恶习决裂；

（二）熟练掌握《劳教人员行为规范》和《劳动教养人员日常生活规范》，模范遵守所规队纪；

（三）连续考核 6 个月以上；

（四）符合省劳教局、市司法局和劳教所规定的其他条件。

第五十八条 具备年度记功的基本条件：

（一）认错服法，服从管教；

（二）能掌握《劳教人员行为规范》和《劳动教养人员日常生活规范》，自觉遵守所规队纪；

（三）连续考核 3 个月以上；

（四）符合省劳教局、市司法局和劳教所规定的其他条件。

第五十九条　具备年度表扬的基本条件：

（一）认错服法，服从管教，遵守所规队纪，行为养成良好；

（二）连续考核 3 个月以上；

（三）符合省劳教局、市司法局和劳教所规定的其他条件。

第六十条　具备年度优秀报道员的条件：

（一）拥护党的方针政策，认错服法，遵守所规队纪；

（二）严格遵守通讯报道的考核规定，无剽窃、抄袭、造假或者严重失实的情况；

（三）年内完成投稿任务，被劳教所小报、广播稿录用在规定篇数以上或被《奋进报》录用在规定篇数以上。

第六十一条　本细则所称的"以上"、"超过"除注明外均包含本数。

第六十二条　适用"其他"条款或因"表现突出"、"情节严重"等条款需要行政奖惩的，应报经所奖惩审批委员会同意，并报省劳教局备案。

第六十三条　本细则自 2009 年 1 月 1 日起开始执行，2007 年 7 月 1 日起实施的《浙江省劳动教养人员计分考核与奖惩实施细则（试行）》同时废止。

第六十四条　本细则由浙江省劳教局负责解释。

附件二：

浙江省劳动教养人员三种管理模式实施细则

第一章　总　则

第一条　为规范封闭、半开放、开放三种管理模式，根据劳动教养工作法律、法规、规章和司法部劳教局《劳动教养人员三种管理模式实施办法（试行）》的规定，结合我省劳教工作实际，制定本细则。

第二条　对劳动教养人员（以下简称劳教人员）的管理，应依据对劳教人员的考核结果，结合其违法行为性质、入所时间、恶习程度、社会帮教条件等情况，实行封闭、半开放、开放三种管理模式（以下简称三种管理模式）。对不同管理模式的劳教人员采取不同的矫治方式，给予不同处遇。

第三条　封闭式管理是对劳教人员实行由劳动教养人民警察（以下简称警察）直接管理的严格管束型的执行方式；半开放式管理是对劳教人员实行警察直接管理与劳教人员自我管理相结合的相对宽松型的执行方式；开放式管理是在警察的指导下，以劳教人员自我管理为主，所内与所外相结合的自律型的执行方式。根据劳教人员矫治目标的实现情况，开放式管理分所内开放和所外开放两种管理形式。

第四条　封闭式管理的考核周期为 3 个月（留级封闭管理为 1 个月），半开放式管理的考核周期为 6 个月，开放式管理的考核周期为 1 个月。

第五条　实施三种管理模式，应遵循有利于劳动教养场所安全稳定，有利于执法的公平、公正、公开，有利于提高教育矫治质量的原则。

第二章　封闭式管理

第六条　封闭式管理的适用对象：

（一）新入所劳教人员；

（二）封闭式管理考核期满，周期内计分考核累计分平均每日 10 分以下的；

（三）经查实隐瞒真实身份的；

（四）邪教类人员未转化的；

（五）涉嫌犯罪正在接受审查或有现行危险的；

（六）半开放式管理考核期满，周期内计分考核累计分在平均每日 10 分以下的；

（七）半开放式管理考核期内受记过以上惩罚的；

（八）开放式管理考核期内受延期惩罚的；

（九）其他需要实行封闭式管理的。

第七条　对封闭式管理劳教人员应进行严格的行为规范训练。

第八条　对封闭式管理劳教人员的教育应按照规定课时，由警察专职教师实行入所、法制、思想道德、心理健康、职业技能和文化素质等教育。

第九条　对封闭式管理劳教人员（降级和留级封闭管理人员除外）应进行岗前习艺劳动培训。

第十条　封闭式管理对象的处遇：

（一）伙食由劳教所按规定标准统一安排；

（二）每月可由警察负责统一登记购买个人必需的日用品和副食品；

（三）每月可按规定会见 1 次，会见时原则上不得聚餐，特殊情况要求会见或聚餐的，需经劳教所批准；

（四）每月可与亲属通话 1 次，特殊情况要求拨打亲情电话的，需经大（中）队批准；

（五）休息时间，未经值班警察允许，不得离开小组单独活动；

（六）入所教育 1 个月后的习艺培训可酌情发给劳动报酬。

第三章　半开放式管理

第十一条　半开放式管理的适用对象：

（一）封闭式管理考核期满，周期内计分考核累计分平均每日 10 分以上的；

（二）半开放式管理考核期满，周期内计分考核累计分平均每日 10 分以上，但不符合升级条件，需要留级考察的；

（三）开放式管理考核期满，周期内计分考核累计分平均每日 10 分以下的；

（四）开放式管理考核期内受到记过惩罚的。

第十二条　半开放式管理劳教人员的教育可由专职或兼职教师授课，教育内容为法制、思想道德、心理健康、职业技能和就业形势等，可根据实际进行编班。

第十三条　半开放式管理对象的处遇：

（一）根据工种、技能和劳动效益，发给相应劳动报酬；

（二）可在所内超市或小卖部自行购买生活用品、食品；

（三）可自选就餐，允许加餐；

（四）在规定时间内，可由警察组织到阅览室、休闲中心等劳教所规定区域内自行选择有利于身心健康的活动；

（五）可选择参加劳教所举办的职业技能培训项目；

（六）经本人申请，劳教所批准，家属可来所聚餐，配偶可到所内指定招待所团聚；

（七）遇到直系亲属病危或病故，确需本人回家处理的，经有关部门证明，本人申请，劳教所批准，可酌情准许回家处理，准假时间为 1～3 天（不含途中）；

（八）每周可与亲属通话 1 次，每月可会见亲属 2 次，特殊情况需要增加通话或会见的，须经劳教所批准；

（九）可参加劳教所组织的所外集体教育活动；

（十）可作为值班员、监督岗成员、各类班组长和民管会成员的人选。

第四章　开放式管理

第十四条　所内开放管理的适用对象：

（一）半开放式管理考核期满，周期内计分考核累计分 1800 分以上，剩余劳动教养期限不足原决定期限的 1/3（其中涉毒类或"多进宫"劳教人员剩余劳动教养期限不足 3 个月），确有悔改表现的；

（二）原所内开放管理人员需留级考察的。

第十五条　所内开放管理应着重进行就业能力、拒毒能力、自控能力等内容训练，开展形势政策教育，以提高劳教人员的社会适应能力。

第十六条　所内开放管理对象的处遇：

（一）根据工种、技能和劳动效益发给相应劳动报酬，有条件的可发给适当奖金；

（二）可根据个人需要在所内超市或小卖部自行购买生活用品、食品；

（三）在规定时间内，可到劳教所规定范围自由活动、娱乐；

（四）可选择参加劳教所举办的职业技能培训项目并减免部分培训费用；

（五）经本人申请，劳教所批准，家属可来所聚餐，配偶可到所内指定招待所团聚；

（六）每月可根据需要与亲属通话或按规定会见；

（七）可在劳教所组织下外出参加各类社会公益活动；

（八）遇到直系亲属病危或病故，确需本人回家处理的，经有关部门证明，本人申请，劳教所批准，可酌情准许回家处理，准假时间为 1～3 天（不含途中）；

（九）对改造表现突出且具备充分帮教条件的人员，经批准可每月放假 1 次，放假时间每次不得超过 3 天（不含路途时间）；

（十）可作为值班员、监督岗成员、各类班组长和民管会成员的人选。

第十七条　所外开放管理的适用对象：

（一）半开放式管理考核期满，周期内计分考核累计分2000分以上，剩余劳动教养期限不足原决定期限的1/3（其中涉毒类或"多进宫"劳教人员剩余劳动教养期限不足3个月），确有悔改表现，具备试工、试农、试学和社区矫治条件的；

（二）所内开放管理考核期满，周期内计分考核累计分平均每日10分以上，确有悔改表现，具备试工、试农、试学和社区矫治条件的。

第十八条　实行所外开放管理需经本人提出申请，亲属担保，家庭所在地社区、派出所、司法所出具证明，并与劳教所签订帮教协议。

第十九条　批准执行所外开放管理的劳教人员，原则上由家属或原工作单位接回，并到当地公安机关备案，由劳教所委托其所在地司法所和社区协助管理。

第二十条　所外开放管理劳教人员应每月到辖区司法所签到1次，汇报思想、遵纪守法、工作、家庭等情况，并接受司法所的监督、帮教，戒毒劳教人员还应主动接受当地禁毒部门的尿液检测；应定期向劳教所书面汇报其所外开放管理期间的思想、工作、遵纪守法等情况，并由当地司法所出具证明。

第二十一条　劳教所应制定所外开放管理劳教人员的跟踪考核制度，并加强与当地司法所等有关部门的工作联系，采取劳教所、司法所、派出所、社区及劳教人员"五见面"方式，了解分析所外开放管理劳教人员的情况，落实管理措施。

第二十二条　所外开放管理对象的处遇：

（一）可到政府设置的安置帮教基地或实习帮教基地工作，由基地负责提供技术指导；

（二）可在劳教所与社区设立的工作站或联系点参加活动，申请帮助，咨询就业信息；

（三）可在规定范围内接受指导，可自由生活、学习或就业。

第二十三条　所外开放劳教人员有下列情形之一的，劳教所应及时将其收回所内，继续执行剩余劳教期限。对收所执行的所外开放劳教人员，劳教所应当实行安全检查，对有吸毒史或有吸毒嫌疑的应当进行专项检测，同时降至封闭式管理。

（一）重新吸毒或有其他违法或严重违纪行为的；

（二）不按规定向劳教所汇报思想、工作和遵纪守法等情况的；

（三）中断与劳教所或司法所、派出所联系的；

（四）丧失帮教条件的。

第二十四条 对于符合解教条件的所外开放管理劳教人员，劳教所应及时为其办理解教手续。

第五章 模式设置

第二十五条 劳教所应按三种管理模式的适用对象，设置建制大（中）队，人数较少的可视情设置中队或班组。

第二十六条 封闭式、半开放式、开放式管理区域的设置，应遵循如下原则：

（一）单独设置原则。封闭、半开放和开放式管理区域应单独设置，并设有明显的区域标识和配备较完善的设施。

（二）功能区分原则。不同管理区域设置宿舍区、就餐区、会见区和活动区应有明显区别。所内开放管理区应根据矫治需要，设立劳教人员活动中心、亲情帮教区等设施。

（三）处遇区分原则。不同管理区域劳教人员的着装标识、居住条件、活动范围、警戒程度、管理要求和教育氛围应有所区别并体现出不同的管理特色。

第二十七条 半开放、开放式管理大（中）队一般不得滞留有封闭式管理劳教人员。除因担任民管会成员、班组长等需要少量人员外，封闭式管理大（中）队一般不得滞留半开放、开放式管理劳教人员。

第二十八条 劳教所应根据三种管理模式要求，建立健全相应的管理制度和登记簿册。不同管理模式劳教人员的活动场所、设施应制定相应的管理制度，设有醒目的标示牌，并建立相应的活动台账。

第二十九条 劳教所应严格落实三种管理模式劳教人员的处遇。对封闭式、半开放式管理劳教人员的处遇要有明确的下限保障，对所内开放管理劳教人员的处遇要实行上限控制。

第六章 警察管理

第三十条 警察是三种管理模式劳教人员管理、教育的执法主体，负责三种管理模式工作的具体实施。

第三十一条 劳教所应根据教育矫治需要，对警察进行专门或专业化分工，以适应三种管理模式矫治岗位的工作要求。

第三十二条 劳教人员管理等级需升、留、降级的，应填写《劳教人员升（留、降级）审批表》，按规定程序呈报。

第三十三条 封闭式管理劳教人员考核期满符合升、留级条件的，应由分管警察建议，中队合议，大队审议，劳教所审批。

第三十四条 半开放式管理劳教人员考核期满，符合升所外开放管理条件的，应由分管警察建议，中队合议，大队审议，劳教所审核（市属劳教所还需报市司法局审核）后报省劳教局审批；符合升所内开放管理条件的，应由分管警察建议，中队合议，大队审议，劳教所受省劳教局授权审批并报省劳教局备案；符合留、降级条件的，应由分管警察建议，中队合议，大队审议，劳教所审批。

第三十五条 所内开放管理劳教人员考核期满，符合转为所外开放管理条件的，应由分管警察建议，中队合议，大队审议，劳教所审核（市属劳教所还需报市司法局审核）后报省劳教局审批；符合留、降级条件的，应由分管警察建议，中队合议，大队审议，劳教所审批。

第三十六条 对封闭式管理劳教人员实行警察直接管理。劳教人员学习、生活、训练等现场实行集体活动。

第三十七条 对半开放式和所内开放管理劳教人员实行警察组织下的民主和自我管理，劳教人员的各类活动在警察的组织下进行。

第三十八条 对所外开放管理劳教人员，劳教所应实施动态管理。可以通过成立开放式管理动态考核小组，指派警察与劳教人员户籍地或就业地的安置帮教部门建立劳教人员回归帮教站或联系点，也可以派出警察挂站挂点工作。

第三十九条 有条件的劳教所可设立所外开放管理劳教人员工作指导站，为劳教人员提供就业信息、心理辅导，解决遇到的问题和困难。

第七章 附 则

第四十条 劳教人员按照不同的管理模式，佩戴胸卡、挂床头卡，式样由省劳教局统一规定。

第四十一条 未成年劳动教养人员和未成年收容教养人员的有关处遇可参照本细则适当放宽。

第四十二条　本细则所称的"以内"、"以上"均含本数，"以下"不含本数，所称的"元"均指人民币。

第四十三条　本细则从 2009 年 1 月 1 日起实施，2007 年 7 月 1 日实施的《浙江省劳动教养人员三种管理模式实施细则（试行)》同时废止。

第四十四条　本细则由浙江省劳教局负责解释。

第九章　劳教人员习艺劳动保护

【案例介绍】

某劳教所 2003 年因遭受水灾，部分羊毛衫被铁锈污染。为了挽回经济损失，大队购置了一批除锈水（化学名称氢氟酸，是一种无色透明的发烟液体，为氟化氢气体的水溶液，可用于金属的净洗，但其属中等强度的酸，腐蚀性极强，极易挥发，触及皮肤则溃烂）用于清洗羊毛衫锈迹。由于不了解氢氟酸的化学特性，加之疏忽大意，结果引起该大队 20 余名劳教人员的双手溃烂。送劳教所医院后，所在大队又没有将有关情况及时通报医院，使病情继续延误，造成了极其不良的影响。

通过分析这一事例，我们至少可以吸取三个方面的教训：①大队领导，尤其是分管生产安全的领导，安全意识较差，片面追求经济效益；②管理民警责任心不强，对危险品的危害性不够了解，发生事故后，又未能及时采取措施有效防止后果的进一步扩大；③劳教人员的自我防范意识薄弱，缺乏劳动保护的观念。

又如某劳教所灯泡厂平时不注意安全教育，在添加油料时又没有严格按操作规程关闭明火，结果引起火灾，2 名作业劳教人员轻度烧伤。所幸火灾被及时扑灭，但已造成了恶劣的社会影响。

通过这些事例，我们看到了对劳教人员开展安全教育的必要性和严格按规程操作的极端重要性。

工作情境一：习艺劳动保护内容

劳动保护，是指国家为了改善劳动条件，保护劳动者在劳动过程中的安全和健康所采取的各种措施的法律规范。包括劳动安全与卫生规程，对女工和未成年工的特殊保护法规以及劳动保护的管理制度等。

习艺劳动保护，是指劳动教养人员在习艺劳动过程中，劳动教养场所通过各种有效措施，对劳动教养人员的安全与健康及相关合法权益进行保护的活动。

（一）习艺劳动保护意义

1. 有利于维护习艺劳动秩序，实现习艺劳动目标。从近几年来看，普遍存在习艺劳动保护意识不强的问题。违反操作规程，超体力、超强度、超时间劳动现象还存在；轧伤、压伤、烧伤、烫伤现象时有发生；玩忽职守、官僚主义、违章指挥等现象在少数民警中也还存在。

通过习艺劳动保护，就可以减少或杜绝上述现象，从而确保习艺劳动者人身安全和健康，既维护习艺劳动秩序，又为实现习艺劳动目标创造条件。

2. 有利于提升劳动教养场所的良好形象，促进人权保障的实现。通过习艺劳动保护，增强了广大民警和劳动教养人员习艺劳动保护意识，就能杜绝违规操作，消除超时间、超体力劳动现象，减少工伤事故发生，这就提升了劳动教养场所的良好形象，同时为促进人权保障的实现创造了条件。

3. 有利于劳动教养工作可持续发展的实现。通过习艺劳动保护，劳动教养人员的人身安全和健康得到保障，劳动教养人员的权益也得到保障，这就能有效地调动劳动教养人员的矫治积极性，为劳动教养工作的可持续发展奠定基础。

（二）习艺劳动保护内容

习艺劳动保护内容，既包括一般劳动保护的内容和范围，也包括由劳动教养执行所带来的各种相关合法权益的保护，如休息权、习艺劳动报酬权、习艺劳动保险权以及人身不受侵害权等。因此，劳动教养人员习艺劳动保护的内容应包括人身安全、劳动卫生、劳动环境、安全生产、劳动时间、劳动报酬、劳动保险等。

具体的习艺劳动保护内容有以下五个方面：

1. 人身安全保护。

（1）防止机械人身伤亡事故。劳教人员必须遵循"先培训、后上岗"的原则，进行习艺劳动中的机械操作；习艺车间内所有的传动设备都应安装防护罩，劳教人员直接操作的机器，应有安全装置。一旦发生劳教人员死亡事件，必须立即启动劳教人员死亡事件处理预案。

[参见《劳教人员死亡事件处理预案》（见附件一）]

（2）防止粉尘、烟尘的污染和侵害。认真抓好除尘设备的安装、使用和管理工作，定期测试、定期检查。

（3）防止有毒有害气体和物体的侵害。抓好"三废"治理，严格控制习艺车间的有毒有害因素，对习艺劳动车间经常进行通风和清洁管理。

（4）讲究卫生，预防疾病。改善习艺劳动车间的卫生条件，配备必要的预防药品；习艺劳动车间要定期消毒；保障劳教人员健康，预防职业病。

（5）防止发生火灾。严格把好项目引进关，不得从事司法部明文禁止的高危作业生产项目，不得从事煤矿、非煤矿山等项目的生产，严禁组织劳动教养人员从事易燃易爆和有毒有害危险化学品的生产；所有习艺劳动车间都必须配备灭火器材，并落实责任人，每季度进行一次检查，对过期或报废的灭火器材要及时更换和更新；习艺劳动车间要设有符合紧急疏散要求、标志明显、保持畅通的安全通道及安全门，便于发生火灾时疏散劳教人员。

（6）注意习艺劳动环境卫生。合理利用自然环境，实行习艺劳动的可持续发展，不承接有环境污染、破坏生态平衡的项目，排放物必须达到国家标准。卫生间等公共设施要安排专人定时打扫；每周要安排一定时间做好习艺劳动岗位的清理；习艺劳动车间要保持卫生和整洁，周围要进行绿化，并经常保养。

2. 卫生保护。

（1）发放保健食品和用品。对在各种不同环境和条件下习艺劳动的劳教人员，发给合适的个人防护用品和必需的防暑降温用品。

（2）注意照明适度。习艺劳动车间要有良好的照明，工作面的照明度要充足、均匀、恒定且无炫目，以免劳教人员因视觉紧张、容易疲劳而造成视力衰退或发生事故。

（3）注意工作环境中的色彩。色彩对人能产生较强烈的影响，甚至会产生各种错觉与偏见。例如，绿色能使人产生舒适的感觉，并能调节视力，有使视力得以休息的功能。在习艺劳动场所，注意运用色彩来调适劳教人员的情绪变化，对发挥习艺劳动对劳动教养人员的矫治功能是有一定意义的。

（4）注意防止噪音。防止噪声对人听觉的伤害，以及由此引起的其他疾病，或由于分散注意力而造成的工伤事故。要设法消除或隔离产生噪音的根源，并采用合适的个人消音防护用具。

（5）注意温度与通风。做好防冻保暖和防暑降温工作，习艺劳动车间要有良好的通风条件。

（6）充分发挥音乐的功能。音乐具有改善人们心理活动、提高工作效率的作用。在习艺劳动场所，选择播放一些健康的、适合习艺劳动特点和心理的音乐，就会使劳教人员保持良好的精神状态，消除疲劳和单调感，收到事半功倍的效果。

3．劳动教养人员合法权益的保护。

（1）保护劳动教养人员的习艺劳动权。对劳动教养人员来说，他们同样有劳动的权利和义务，我们必须依法予以保障。如1982年国务院发布的《劳动教养试行办法》第20条要求劳教人员遵守的"五要"第3项就明确规定，劳教人员要积极参加生产劳动。当然，试行办法也规定，劳教场所组织劳动生产，应当从有利于劳动教养人员的教育改造和期满就业的目的出发。目前许多劳教所引进的服装加工、羊毛衫横机操作等项目，正是考虑了劳教人员解除劳动教养后的就业需求。

（2）保护劳动教养人员的休息权。劳动教养人员与其他公民一样有休息的权利，劳动教养场所在安排"三课"（政治、文化及职业技术）学习、教育活动和习艺劳动时要充分考虑这一因素。

（3）保护劳动教养人员的习艺劳动保护权。劳教所应当根据工作性质和习艺劳动条件，按国家规定为劳动教养人员配备符合习艺劳动保护、习艺劳动卫生要求的防护用品、用具。对特种习艺劳动防护用品，应定期检查其防护性能，已经失效的不准使用。劳教人员必须严格按规定佩带、使用劳动防护用品、用具。

（4）保护合理化建议权和发明创造权。劳教人员发明、革新或合理化建议，各劳教所均规定了一定的奖分；成果显著的，劳教所还给予必要的物质奖励和行政奖励，以保护其合理化建议权和发明创造权。

（5）保护习艺劳动中的揭发控告权。劳教人员在习艺劳动过程中应严格遵守劳动纪律，认真执行安全制度和操作规程。对无视劳教人员安全和健康的人员，劳教人员有权提出控告；对管理人员的违章指挥，有权拒绝。

4．特殊人员的保护。女劳动教养人员和未成年劳动教养人员受特殊的劳动保护。

对女性、未成年劳动教养人员给予特殊保护体现了在我国社会主义制度下，党和政府对女性、未成年人的关心和爱护。由于妇女具有与男子不同的身体结构和生理特点，使女性对生产环境的适应能力和作业能力受一定程度的妨碍，如果在习艺劳动过程中不给予特殊的保护，就会危害她们的身体健康，甚至会影响她们的生命安全，不利于下一代的正常发育和健康成长；未成年劳动教养人员由于身体尚未完全发育成熟，对劳动时间和劳动强度的适应能力比较有限。因此，劳动教养场所应贯彻执行对女性、未成年劳动教养人员保护的有关政策法令。

5. 劳教人员习艺劳动报酬。

（1）劳教人员习艺劳动报酬的内涵。所谓劳教人员习艺劳动报酬，是指劳教所根据劳教人员在习艺劳动过程中的矫治表现和劳动的数量与质量所给予的一种物质性奖励。

第一，劳教人员习艺劳动报酬是劳教机关对劳教人员习艺劳动矫治成效和劳教人员生产成果的肯定和认可，是对劳教人员付出劳动的一种褒扬性评价，同时也是劳教人员在习艺劳动中获取成效和付出辛劳后应享有的一种权利。

第二，劳教人员习艺劳动报酬是劳教机关对劳教人员习艺劳动表现的奖励措施之一，属于对劳教人员的一种物质性奖励。

第三，劳教人员习艺劳动报酬不同于劳教人员习艺劳动工资，劳教人员习艺劳动报酬可以是货币式，即工资式，也可以是实物式或供给式，而劳教人员习艺劳动工资是属于劳教人员习艺劳动报酬制中的一种货币形式。

第四，劳教人员习艺劳动报酬的发放，主要依据劳教人员的习艺劳动表现和劳教人员在习艺劳动中所提供劳动的数量和质量。

第五，劳教人员习艺劳动报酬的标准要综合考虑劳教所的生产效益状况、服教地职工最低工资保障制度状况及劳教所已为劳教人员投入的相关费用等因素科学加以制定。

其一，劳教人员习艺劳动报酬要与劳教所生产效益状况直接挂钩，劳教所经济效益好，劳教人员习艺劳动报酬可以定高一些，而经济效益不好可定低一些。

其二，劳教人员习艺劳动报酬的制定标准要与服教地职工最低工资标准相适应，并且要略低一些。以 2002 年浙江省部分地市职工实际最低工资标准为例，杭州为 520 元，其中缴纳社会保险费 103.6 元，实际工资为 416.4 元；宁波为 520 元，缴纳社会保险费 103.7 元，实际工资 416.3 元；湖州为 480 元，缴纳社会保险费为 81.1 元，实际工资为 399.9 元；金华为 480 元，缴纳社会保险费为 85.9 元，实际工资为 394.1 元；衢州为 430 元，缴纳社会保险费为 87.3 元，实际工资 351.7 元。

又如上海市从 2003 年起职工最低工资标准为 570 元（不含职工缴纳社会保险费）；北京市从 2002 年起职工最低工资标准调整为 465 元（不含职工缴纳社会保险费）。

劳教人员习艺劳动报酬的制定标准，必须以劳教人员服教地职工最低工资标准为参照，并低于此标准。一般以服教地职工最低工资标准的 1/2～2/3 为宜。

（2）实施劳教人员习艺劳动报酬的意义。

第一，劳教人员习艺劳动报酬制充分体现了现代执法理念。劳教人员习艺劳动报酬制的实施，既是现代化文明劳教所法律制度的必然要求，也是对劳教人员应有权利的尊重。

第二，实施劳教人员习艺劳动报酬制，可以大大激发劳教人员习艺劳动矫治和习艺劳动的积极性及创造性，最大限度地提高劳教所的矫治效果和经济效益。

第三，劳教人员习艺劳动报酬制的实施，可以产生一系列良好的社会效果。劳教人员习艺劳动报酬制实施后，可以建立"受害人基金"，从劳教人员习艺劳动报酬中提取一部分，作为对受害人的补偿，也使劳教人员对受害人在经济上进行"补过"。

（3）劳教人员习艺劳动报酬的科学实施。

第一，劳教人员习艺劳动报酬的构成。

其一，岗位工资。岗位工资又包括两种：①岗位基本工资，它是劳教人员工资的固定部分，即国家规定的劳教人员基本生活费，包括伙食费、被服费、零用钱、杂支费、医药费等。对因各种原因，如因病、工伤、丧失劳动能力等不能参加习艺劳动的劳教人员也应按规定发给，以保障劳教人员的基本生活。②岗位差异工资，它是根据每个劳教人员所从事的不同劳动岗位及岗位的劳动强度、技术难度和责任程度大小而综合评定的。

其二，效益工资。效益工资即奖金，它与每个劳教人员的习艺劳动实绩挂钩，主要考核劳教人员习艺劳动的数量和质量，并随劳教所企业的经济效益好坏而上下浮动。劳教人员所获取的这部分奖金一般应在劳教所企业员工平均奖金的 30% 以下确定。

其三，等级工资。等级工资又包括两种：①根据劳教人员习艺劳动表现情况及劳教人员在管理模式中的处遇情况确定不同的工资标准。如按照半开放式管理和开放式管理模式确定工资标准，最低处遇，即封闭式管理及习艺劳动表现极差，并有严重违反所规纪律行为，被禁闭反省的劳教人员，则不享受该工资。②根据劳教人员的技术等级，如技师、工程师、高级工、中级工、初级工等不同档次确定不同的工资标准，学徒工则不享受该工资。

其四，各种津贴。主要包括：①特岗津贴，如岗位营养费等劳保补贴；②职务津贴，如担任劳教人员民主管理委员会（简称民管会）主任及成员、学习生产组长或有特定责任的人员；③奖励津贴，如有发明创造、革新挖掘、改革工艺流程等对劳教所生产有特殊贡献的人员。

第二，劳教人员习艺劳动报酬的具体发放。

其一，劳教人员习艺劳动报酬的发放应以每天劳动 6 小时，每周 36 小时计算。经批准加班劳动的，满 3 小时应按半天计算，满 6 小时应按一天计算，平时加班另发加班工资。节日加班发给双倍的加班工资。

其二，劳教人员习艺劳动报酬一律转账，每月按时公布，并发给劳教人员工资清单，严禁使用现金支付；劳动报酬计入劳教人员的个人账户，到期满解除劳动教养时本息一次性发还劳教人员。

其三，新收劳教人员应有 2～6 个月的学徒期或上岗考察期，待考察期满经考核合格后，方可进入工资轨道。

其四，劳教人员因病经医生证明不能参加劳动的，只发放岗位基本工资。劳教人员因停工检查或受到记过、禁闭等处分时，根据具体情况分别扣发部分岗位工资及效益工资。

发生劳教人员脱逃、行凶、自杀等重大情况时，分别情况扣发该劳教人员所在小组全体劳教人员及"民管会"人员的当月部分岗位工资，并取消当月的效益工资。

劳教人员在习艺劳动中发生安全或质量等事故的，则根据造成的损失及所负责任的大小综合考虑，由大队确定扣罚数额。但无论何种类型的劳教人员，对劳教人员进行各种扣罚后，其所获工资总额也不得低于其岗位基本工资。

其五，劳教人员习艺劳动报酬适宜以中队为单位造册、考核、统计、发放，但劳教所纪检、管教部门应经常组织人员对各中队劳教人员习艺劳动报酬的考查评定及劳教人员习艺劳动报酬的开支消费等情况进行监督、指导与检查，并对劳教人员针对劳动报酬的投诉进行仲裁和解决。

工作情境二：习艺劳动保护工作任务

习艺劳动保护工作，是指在习艺劳动过程中为了保护劳动者的安全和健康、改善劳动条件、预防工伤事故和职业病所进行的组织管理工作和技术措施。

习艺劳动保护工作必须坚持"安全第一、预防为主"的方针，依靠科技进步，实行科学管理，加强安全教育，提高劳教人员技术素质，采取防范措施，消除和制止危及劳教人员人身安全与健康的一切不良条件和行为。

（一）习艺劳动保护工作的基本任务

1. 保证安全进行习艺劳动，防止工伤事故和职业病的发生。劳教所及其主管部门，应当制订习艺劳动保护教育计划，加强对劳动教养人员的安全教育；对各级生产管理人员应定期进行安全管理和安全技术培训，经考核合格，方准指挥生产。劳教所对新入所的劳动教养人员应进行安全培训教育，经考核合格，方可上岗。

劳动教养场所应当按照国家的有关规定，对重大危险源、重点防火部位及因生产安全事故可能造成重大环境污染、重大人员伤亡或者重大财产损失的部位，制定生产安全事故应急救援预案。

劳动教养场所应当在有较大危险因素的生产场所和有关设施、设备上，设置明显的安全警示标志，并经常维护或者进行更新；应当对安全设备进行经常性维护、保养，定期检测，保证其正常运转，维护、保养、检测的情况应当做好记录，并由有关人员签字。

2009 年 3 月，司法部劳教局还在全国劳教场所试行了安全生产事故隐患分级挂牌督办制度，按照可能造成重大人身伤害、财产损失、社会影响及后果、严重程度、整改时间、投入资金进行定性或定量的评估，将事故隐患分为三级，实行分级挂牌、逐项整改、逐项验收、逐项销号和行政领导机关督办。挂牌督办期间，应立即全部停产停业或局部停产停业，按照要求认真进行整改；对整改无望的企业，应依法妥善安置；拒不执行整改的，按照干部管理权限，依法追究有关领导责任。

2. 合理确定劳动者的习艺劳动时间和休息时间，实现劳逸结合。劳教人员每天习艺劳动要求不超过 6 小时（目前大多数劳教所因财政政策未全部到位，劳教人员每天习艺劳动时间在 8 小时左右）。法定节假日一般原地休息，表现较好的劳教人员经批准可回家休假，享受"开放式管理"待遇的劳教人员每月还有 3 天（不含在途时间）的探亲假。

3. 对未成年及女性劳动教养人员实行特殊保护。劳动教养场所对劳动教养人员的生产工种和劳动定额，应当按照他们的性别、年龄、体力、技术条件，适当确定，并注意发挥他们的技术专长。

劳教所应当严格执行国务院颁布的《女职工劳动保护规定》，并结合本单位的实际，制定具体措施，维护女性劳动教养人员的合法权益，保护其身心健康；劳教所对 16 周岁以上不满 18 周岁的未成年劳动教养人员，不得安排从事繁重体力劳动和有毒有害作业。

（二）习艺劳动保护工作的主要任务

1. 注重习艺劳动安全技术。根据劳教场所生产实际，每年应编制切实可行的安全生产技术措施计划，并组织实施；凡新建、改建、扩建项目的安全卫生设施，必须符合国家规定的标准，要求与主体工程同时设计、同时施工、同时投入生产使用；每年从固定资产更新改造资金中提取 10%～20% 的费用作为安全技术措施建设基金，并专款专用，严禁挪作他用。

2. 注意习艺劳动卫生，避免有毒有害物质危害劳动教养人员健康。不准用易燃液体引火，不准在火源附近堆放易燃易爆物，废弃的放射性有毒固体、液体、气体的处理排放必须符合消防安全规定，不准点燃或随意排放。

3. 完善习艺劳动保护制度，包括建立习艺劳动时间管理和调班审批制度。劳教所应当坚持"管生产必须管安全"的原则，认真贯彻执行国家劳动保护法律、法规和方针、政策，制定劳动教养人员习艺劳动保护管理制度和安全技术措施计划，积极改善习艺劳动条件；建立健全并严格落实安全生产责任制，落实谁主管、谁负责的原则。

劳动教养人员一般不允许加班。遇有出库等特殊情况时，大中队必须填写《劳动教养人员调班劳动审批表》，经管理部门审核和分管领导批准，方可进行。调班劳动后，须在当月补休。如果不能完成补休的，年终考核时，劳教所要对大队主要领导（大队长、教导员）进行经济处罚。劳动教养人员在教育时间调班劳动的，须经教育部门审批。

4. 定期开展安全生产大检查，制定安全生产事故处理预案。对生产过程中使用的刀具等利器实行严格的定置管理和固定管理，把不利于安全的危险设施维修加固。加大生产安全检查力度，严格执行管理民警安全生产每日巡查制度，重点检查生产现场的物品堆放、消防通道畅通、用电安全和安全设施等情况。劳教所每季至少开展一次全所性的安全生产大检查，并有书面记录和整改措施，年终有全所安全生产书面报告。

《劳教所突发停电处置预案》（见附件二）

为在发生安全生产事故时能够采取针对性的有效救援措施，做到及时控制局势、疏散人员，最大限度地减少事故中的人员伤亡和财产损失，劳教所必须制定安全生产事故处理预案，年内开展一次综合应急预案演练。

《劳教所突发事件处置预案》（见附件三）

《劳教所重（特）大生产安全事故应急处置预案》（见附件四）

《劳教所重（特）大火灾事故应急处置预案》（见附件五）

《劳教所锅炉爆炸应急处置预案》（见附件六）

《劳教所自然事故应急处置预案》（见附件七）

凡达不到规定的安全生产管理目标的劳教所不得评为先进单位，其主要负责人不得评为先进个人。

劳教所发生伤亡事故和急性中毒事故，必须按国家有关规定及时据实报告，不得拖延、隐瞒或假报。伤亡事故发生后，劳教所必须立即组织抢救。发生重大事故，主管部门应立即派员赶赴现场指挥抢救。

附件一：

劳教人员死亡事件处理预案

劳教所一旦发生劳教人员死亡事件，不论是正常死亡，还是非正常死亡，都应及时向上级组织报告，并迅速启动该预案。

一、事件处理工作小组

处理劳教人员死亡事件实行包案责任制，成立处理工作小组，由分管管教工作的所领导任组长，管理科长、所在大队负责人及其他有关人员任组员，负责开展善后处理工作。

二、应对可能发生的突发事件方案

（一）应对高龄老人来所纠缠事件方案

1. 事态分析。要通过查阅档案、信函调查等方式了解死者家庭成员、亲属的详细情况，特别是死者生前是否有父母离异、隔代抚养、生活拮据、情感纠葛等情况，认真分析死者家庭有无高龄老人来所可能，或由亲友将高龄老人送抵我所，然后单独留在我所进行纠缠的可能性。

2. 处置组织。成立处置高龄老人来所纠缠事件工作组，由分管管教的所领导和政治处主任负责应对事件。工作组下设四个职能小组：

（1）监护组由管理科科长任组长，组员包括政治处、生活卫生科、护卫大队、所在大队有关民警及驻所检察室工作人员组成（监护组由有长期工作经验、有亲和力的民警组成，考虑到老年人不太懂普通话，需安排会家乡话的民警协助工作），负责老人到所后的监护、防范意外事件、护送到指定场所和情况介绍工作。

（2）医务组由所医院院长任组长，组员包括医院医生、护士等，负责老人来所后可能出现的患病事件救助。

（3）后勤组由行政装备科科长任组长，组员包括行政装备科工作人员，负责相关工作用车、食宿、接待等事项的安排落实。

（4）协调遣送组由所在大队、护卫大队、管理科、医院等部门民警组成，负责与公安、民政、医院等联络协调，实施救助，落实遣送公安民警、地方医院救护车、本所陪护民警及医务人员。

3. 处置方法程序。

（1）老人来所后立即启动预案。由劳教所领导迅速通知驻所检察室工作人员到场，通知监护组和后勤组开始具体工作，并向省局汇报。

（2）接待地点放在县城，落实好具体宾馆。老人来所后的全程工作必须落实检察、公安等部门工作人员到场见证。

（3）监护组必须对老人实施零距离监护，做到寸步不离，全程落实安全措施，防范和化解意外事件。

（4）积极落实由当地政法委、维稳办负责接回工作，租用人民医院救护车，由协调遣送组落实途中安全。

（5）要强调工作纪律，切实加强监护组、医务组、后勤组、协调遣送组人员工作责任心，确保万无一失。

（二）应对聚众来所闹事事件方案

1. 事态分析。分析以往该地区劳教人员死亡事件处理情况，有无死者家属纠集亲友来所闹事的可能。

2. 处置原则。坚持"以人为本、依法办事、教育疏导、防止矛盾激化和扩大"的原则，对围攻、冲击劳教场所事件及其苗头，要及时、果断采取措施，坚决制止违法行为，尽快平息事态，力争做到发现的早、化解的了、控制的住、处置的好，把问题解决在萌芽状态。在处置工作中，各部门负责人为首要责任人，接到指令后，必须在规定的时间内将本部门人员在指定地点集结完毕，并向指挥部报告人员到位情况，听候指令。

3. 应急组织及职责。成立应急指挥部，由所长任总指挥，分管管教工作的所领导为副总指挥，下设现场处置组、调查取证组。

（1）现场处置组。

组长：警戒护卫大队大队长。

组员：由管教三科、企管办、护卫大队有关人员和公安、武警官兵组成。

职责：负责在现场周围适当范围内形成警戒圈，维护现场秩序，保护现场领导和工作人员的安全，果断制止违法犯罪行为，密切监视现场动态，及时妥善处置事件；根据指挥部指令，执行驱散、带离为首闹事者等任务。

（2）调查取证组。

组长：监察室主任。

组员：由政治处、法制科、监察室有关民警组成，对整个事件深层次的情报信息及时进行调查掌握和验证。

职责：负责对现场煽动聚众闹事、无理取闹或实施打、砸、烧等破坏活动或以其他方式阻碍执行公务的人员摄影、摄像等手段，收集固定相关证据，并根据情况需要，配合公安人员调查取证。

4. 处置程序及方法。

（1）事件发生后，指挥部立即下达指令，启动预案。应急组按照职责分工迅速投入处置工作，通报驻所检察室、当地派出所，必要时请求驻地武警部队支援，根据事态性质、程度，迅速向省局汇报。

（2）听从指挥，遵守纪律。处置外部人员围攻、冲击劳教场所事件具有较强的政策性和执法性，凡是参与处置工作的所有人员，在行动中必须遵守纪律，慎重行事，及时请示报告，依据上级的命令果断行动，尽快平息事态。在处置过程中，要坚持一切行动听指挥的工作纪律，做到令行禁止，切忌自作主张，擅自行动。要严守群众纪律，严格依法办事，讲究工作策略，打击为首分子，不能因制止闹事而伤害无辜群众。

（3）慎用警力和强制措施。要根据外部人员围攻、冲击劳教场所事件的性质和规模来决定是否使用、使用多少和如何使用警力；根据事态的发展情况来决定是否采取强制措施或请示公安机关采取强制措施。要防止使用警力和强制措施不慎而激化矛盾，防止警力和强制措施使用不当而使事态扩大。

（4）慎用武器警械。处置外部人员围攻、冲击劳教场所事件现场的民警可以携带必要的警械装备，使用警械应当严格依照《人民警察使用警械和武器条例》的规定执行。

（5）抓住时机，果断处置。如果事态发展形成包围、冲击劳教所大门和所部办公楼，影响正常工作秩序时，迅速出动民警赶赴现场，善言规劝、疏导有关人员和围观群众尽快离开，减少人员和车辆大量集结，防止事态扩大。

（6）在外部人员围攻、冲击劳教场所事件过程中，相关部门应当及时救治受伤人员。事态平息后，各有关部门要认真清理现场，恢复正常秩序。

（7）外部人员围攻、冲击劳教场所事件处置结束后，及时进行总结并向省局报告。

附件二：

劳教所突发停电应急预案

一、目的

为防止因突发停电而可能引起不确定性安全事故，及时、有效地控制主动局面，维护场所安全稳定，制定本预案。

二、适用范围

在本所区域内，劳教人员参加劳动习艺、学习、生活等而突遇停电的特定情形。

三、应急组织体系及职责

应急指挥部及其办公室职责见《劳教所处置突发事件总体预案》。

警戒护卫组由护卫大队负责，护卫大队大队长任组长，职责：负责习艺厂区的警戒和秩序维护，直至劳教人员全部安全有序回到宿舍或供电恢复。

现场抢修组由企管办负责，企管办主任任组长，职责：负责与供电部门联系，查找停电现场原因并抢修，快速恢复供电。

后勤保障组由行政装备科负责，行政装备科科长任组长，职责：将抢修物资等送到现场。

四、应急措施

（一）当劳教人员在参加劳动突遇停电时，现场管理人员要充分利用习艺楼的应急照明和备用照明，进行现场的秩序维护，大队领导要迅速向所值班室汇报，并亲临现场指挥。

（二）所值班人员接到报告后，迅速向值班所领导汇报，并及时通知值班电工赶赴现场，进行检修。

（三）值班所领导接到汇报后，及时启动停电预案，通知现场抢修组、警戒护卫组、各大队应急小组赶赴现场，按照职责要求开展应急行动。

（四）现场抢修组要迅速与供电部门取得联系，查清停电原因，如是供电部门的原因，则应问明恢复供电时间；如是我所供电线路故障，则应组织人员沿线查找故障点，查到故障点后，要及时组织人员抢修，以争取尽快恢复供电。

（五）在停电期间，要充分利用自发电设备进行供电，以保证照明和监控设施的正常用电。

（六）故障彻底排除，恢复正常供电后，应急行动结束。

附件三：

劳教所突发事件应急处置预案

一、总　则

（一）编制目的和依据

为提高我所应对突发事件能力，保证突发事件应急处置科学、快速、高效、稳妥、有序进行，避免或减少突发事件的发生及其造成的危害，保障劳教人民警察、职工、劳教人员和其他管理对象的生命安全和公共财产安全，确保劳教场所的安全稳定，依照司法部《劳教系统突发事件应急预案》和相关法规、部门规章，结合我所实际，制定本预案。

（二）工作原则

以人为本，减少危害；居安思危，预防为主；统一领导，分级负责；判断准确，及时报告；快速反应，协同应对；依靠科技，注重实效。

（三）突发事件应急概念

指造成或可能造成重大伤亡、重大财产损失或重大社会影响的事件发生或即将发生，以常规工作方式不能有效排除危险，需要以预定的特殊方式予以处置。

（四）突发事件应急适用范围

1. 管教安全事故。劳教人员和其他管理对象集体骚乱、集体绝食、集体斗殴；劳教人员和其他管理对象逃跑、自杀、行凶杀人、劫持人质；外部人员围攻、冲击劳教场所，严重破坏场所设施，以及其他严重危害劳教场所安全稳定的重大事故。

2. 生产事故。重（特）大生产安全事故，重（特）大交通事故，重（特）大火灾，以及其他对劳教工作人民警察、劳教人员及其他人员的生命财产带来严重危害的事故。

3. 公共卫生事件。对民警职工、劳教人员和其他管理对象健康造成或可能造成严重损害的重大传染病疫情，群体性不明原因疾病，重大食物或职业中毒，以及其他严重影响身体健康的事件。

4. 自然灾害。洪水、台风、泥石流、山体滑坡以及其他因气候或自然环境造成的严重自然灾害。

5. 涉法涉诉信访突出问题或群体性上访事件。

（五）分级建立预案

所部建立《劳教所突发事件应急处置预案》，各大队、医院等要建立相应的应急预案。

二、组织指挥体系及其职责

（一）应急指挥部及其职责

1. 应急指挥部。应急指挥部在所党委统一领导下开展工作。

总指挥：所长。

副总指挥：各分管所领导。

成员：各科室负责人。

2. 职责。

（1）发布应急命令、启动应急预案；

（2）向上级党委和当地政府部门报告事态发展情况，执行上级有关指示和命令；

（3）及时组织现场应急小组；

（4）掌握汇总有关情况信息，及时作出应急处置决断；

（5）全权负责对重大事故处置工作的指挥；

（6）组织做好善后工作，配合上级开展事故调查；

（7）应急救援工作结束后，按规定宣布应急响应（结束）；

（8）负责应急预案的制定、完善和应急预案演习。

（二）应急办公室及其职责

1. 应急办公室。

主任：政治处主任。

成员：所政治处、办公室、行政装备科、管理科、教育科、生活卫生科、企管办、警戒护卫大队和医院负责同志。

2. 职责。

（1）负责信息采集、汇总、分析，及时向指挥部报告，提出预警及预案启动的建议；

（2）起草相关文件；

（3）向相关部门通报情况，联络、协调有关部门做好应急工作；

（4）根据指挥部的指示，制定、完善应急措施，督促、指导各大队、医院等应急指挥机构开展应急工作；

（5）根据指挥部的指示，赶赴事件现场，协助处置突发事件；

（6）跟踪了解事件的进展和处置情况，及时向指挥部报告；

（7）根据实际情况建议结束应急响应，应急处置结束后，应对突发事件的原因、经过、后果（伤亡、损失情况和影响）、责任追究、经验教训、整改措施等写出调查报告报指挥部；

（8）指导日常防控和宣传、教育工作；

（9）承办指挥部交办的其他事项。

三、监测和信息报告

（一）监测内容

1. 管教安全事故的监测：重点人员、重点部位、重点时段的管理情况；管理对象群体间的冲突、不满情绪；是否频发管理事件；是否有毒品流入和蔓延；物防和技防设施的安全程度等。

2. 公共卫生事件的监测：本地区重大疫情；场所内的季节性流行病，艾滋病、肝病、结核病等传染病流行情况；食品供应的不安全或污染情况等。

3. 安全生产事故的监测：生产中的作业风险，包括生产项目、作业环境、技术、工艺、设备中的隐患。

4. 自然灾害的监测：暴雨、洪水、雪灾、泥石流、山体滑坡、台风、地震等灾害可能对劳教所产生的重大危害。

5. 其他严重危害劳教所安全的隐患。

（二）监测方式

1. 建立摸底排查机制。通过直接管理、信息员制度和动态分析制度等各种有效手段，收集信息，分析判断，跟踪监控，及时发现影响管教安全的隐患。

2. 开展所内流行病学调查。进行常规体检和专项检查，联系食品检验检测等部门，及时发现影响公共卫生的安全隐患。

3. 建立生产安全监管体制。通过定期安全检查，查找隐患漏洞；加强对安全生产设施、工艺设备的检查；开展安全生产专项整治。

4. 根据各级气象部门的灾害监测、预报、警报信息，对可能发生的自然灾害进行监测。

5. 各单位应根据各自的职责分工，及时收集、分析、汇总本部门各类影响安全的信息，按照"早发现、早报告、早处置"的原则预测可能发生的情况，及时上报指挥部，并通报给各相关部门。

（三）信息报告内容

信息报告内容主要包括：突发事件种类、发生时间、地点、已采取的处置措施、目前形势、事件处置过程中可能发生的其他意外情况，指挥机构及相关人员联系方式等。

1. 管教安全事故。报告时要说明危害管教秩序人员的基本情况，包括人数、罪错性质。行凶伤害、劫持人质人员的作案工具、作案手段，所提出的要求、目的。逃跑人员的体貌特征、可能的逃跑方向和区域以及逃跑后可能造成的社会危害。集体骚乱、暴所事故中民警和管理对象的伤亡情况。围攻、侵袭劳教场所人员的身份、人数，提出的要求和目的。调遣劳教人员和其他管理对象过程中逃跑人员的人数、体貌特征、可能的逃跑方向和区域，针对发生事件所采取的措施。

2. 公共卫生事件。报告时要说明疫情、病情和食物中毒的类型以及不明疫情病情的特征表现，感染、中毒和死伤人数及财产损失情况，针对发生事件所采取的措施。

3. 生产安全事故。报告时要说明人员伤亡和财产损失情况，可能产生的危害，初步推断的事故原因，已采取或拟采取的救援措施。

4. 自然灾害。报告时要说明人员伤亡和财产损失情况，灾情发展动态，已采取或拟采取的救援措施。

（四）信息报告方式

报告采用电话报告、密码传真等报告方式。

（五）信息报告的基本要求

1. 信息报告分为"预警报告"、"即时报告"和"随时报告"。

2. "预警报告"指突发事件可能或即将发生时的报告。发现突发事件苗头性信息后，事发单位应立即将情况报告指挥部。

3. "即时报告"指事发当时立即作出的报告。突发事件发生后，事发单位应立即将情况报告给所应急指挥部。对于较大突发事件（Ⅰ级），所应急指挥部接到报告后，应当立即向省劳教局报告。

4."随时报告"指在事发和处置过程中随时作出的报告。事发单位应对事件详情和进展情况随时续报。

（六）信息报告责任制

信息报告应建立预警报告责任制，各单位主要负责人为本单位第一信息报告责任人，对所报信息负总责。

四、突发事件分级标准和应急响应

（一）事件分级和响应标准

根据突发事件造成的人员伤亡、财产损失或者可能造成的社会影响程度，劳教场所突发事件可分为较大突发事件（Ⅰ级）和一般突发事件（Ⅱ级），根据事件的严重程度分别启动Ⅰ级响应、Ⅱ级响应。

1. 较大突发事件（Ⅰ级）。指发生劳教人员和其他管理对象逃跑（离开所区）事件；劳教人员和其他管理对象自杀、行凶杀人，造成1人死亡或2人以上伤残的事件；劫持人质事件；9人以上集体骚乱、绝食、斗殴、暴所事件；因自然灾害、生产事故和中毒等引起劳教人员和其他管理对象1人死亡或3人以上伤残事件；围攻劳教场所及破坏财物事件；针对劳教场所制造的恐怖事件；其他对劳教场所安全稳定造成较大影响的突发事件。

2. 一般突发事件（Ⅱ级）。指发生劳教人员和其他管理对象逃跑（未出所区）事件；劳教人员和其他管理对象自杀、行凶杀人，造成1人伤残的事件；9人以下集体骚乱、绝食、斗殴、暴所事件；因自然灾害、生产事故和中毒等引起劳教人员和其他管理对象2人以下伤残事件；其他可能对劳教场所安全稳定造成影响的突发事件。

（二）Ⅰ级响应程序与措施

1. 先期应急处置。指突发事件发生或即将发生时，迫于紧急情势，为阻止侵害、避免危害，在响应程序正式启动前所进行的处置工作。当事民警及事发单位在紧急状态下有独立处置权。

2. 较大突发事件发生后，所各职能部门应按规定迅速到达指定岗位，履行职责，进行先期应急处置，做好紧急控制和救援工作，确保场所秩序稳定，所部应立即启动预案Ⅰ级响应程序，开展处置工作，并立即将情况报告省劳教局。

3. 突发事件应急处置结束后，由突发事件应急处置办公室提出结束Ⅰ级响应程序建议，报所指挥部批准，并对事件情况进行汇总，作出书面总结。

（三）Ⅱ级响应程序与措施

一般突发事件发生后，当事民警应进行先期应急处置。事发单位接到当事民警的应急报告后，应及时决定启动Ⅱ级响应程序，开展处置工作，并报告所指挥部。必要时请求指挥部启动Ⅰ级响应程序。事件应急处理结束后，由事发单位应急处置指挥部宣布应急结束，并写出专门报告报指挥部。指挥部接到报告后，应跟踪了解情况进展，并派员进行指导。

五、后期处置

（一）善后处置

各单位应按有关规定做好善后处置的有关工作，包括人员安置、补偿、灾后重建、现场保护等工作。

（二）社会救助

应确定专门机构和人员，对社会救助机构开展组织协调、资金和物资的管理使用与监督等工作。

（三）保险

根据工作需要和《中华人民共和国保险法》等有关法律法规的规定，做好应急人员保险投保和受灾人员保险索赔等工作。

（四）调查报告及处理意见

突发事件处置结束后，所突发事件应急处置指挥部办公室应立即起草突发事件调查报告，总结经验教训，提出改进建议，并向省劳教局报告。

六、应急保障

（一）值班制度

所各单位实行24小时值班制度，确保通讯畅通，建立通讯系统维护制度及信息采集制度等。

（二）应急支援与装备保障

所部、各大队及医院应在以下方面制定相应的保障措施，明确机构、人员、装备、物资、药品、食品、资金等。

主要包括：现场救援保障、工程抢险保障、应急队伍保障、交通运输保障、医疗保障、治安保障、物质保障、资金保障、社会动员保障，其他应急支援与装备保障。

（三）专业、技术保障

所部、各大队及医院应成立由相关方面人员组成的咨询小组，为应急处置决策提供专业意见。依托相应技术机构，建立相应的数据库，为处置工作提供技术支持。

（四）信息交流

最大限度公布突发事件应急预案信息、报警电话和部门，宣传应急法律法规和预防、避险、避灾、自救、互救常识。

（五）应急队伍培训

可分为三个层次对民警进行培训，即操作人员、中级管理人员和高级管理人员。培训内容由理论培训和操作培训两部分组成。对操作人员的培训侧重于设施、设备和器材的使用、操作与维护；对管理人员的培训要理论与操作并重。通过培训和模拟演练，总结应急处置经验。

（六）日常演练

各单位要确保日常演练工作的制度化，演习方案要确定演习的组织、要求、场地、频次、范围、内容等，每年至少选择两个预案进行演练，并根据需要开展工作交流。

七、奖惩和责任追究

（一）奖励

依据《中华人民共和国公务员法》和《中华人民共和国警察法》，对在处置突发事件中，工作表现突出的单位和个人，按照干部管理权限予以表彰奖励。

（二）处罚

任何单位和个人发现突发事件后，必须及时报告，不得瞒报、缓报、谎报、漏报，或者授意他人瞒报、缓报、谎报、漏报。对未依法履行职责、见死不救或违反安全制度的行为，按照干部管理权限和有关规定对责任人员给予党纪、政纪处分。凡接到重特大事件紧急报告后，行动迟缓、措施不力，致使事故蔓延、扩大的要依法追究有关人员责任。需要追究刑事责任的，移交司法机关处理。

八、附则

（一）总指挥不在场，由分管线上的副总指挥（或现场最高行政领导）任现场指挥。相关人员不在场时，由现场指挥部和各应急小组长临时指派。应急小组成员在事故处理时必须各尽其责，不得推诿、扯皮；危急情况下，可先行临场处置。

（二）民警职工在事故发生时，都负有紧急通知、汇报、参与抢救和做好稳定工作的职责。

（三）接报处理。接到重特大事件报告后，接报者应详细记录报告者的姓名、联系方式及事件发生的时间、地点、事故基本情况、现状及趋势等内容，必要时复述一遍，并迅速将事件记录的内容向应急指挥部汇报，应急指挥部按有关规定及时向上级有关部门报告。

（四）现场保护。事件发生后，当事民警职工在迅速组织抢险救护工作的同时，要对事故现场实行严格的保护，防止与重特大事故有关的残骸、物品、文件等被随意挪动或丢失。需要移动现场物件的，应拍照并作出标志，绘制现场简图并写出书面记录，妥善保存现场重要的痕迹、物证。

（五）本预案由所应急指挥部负责解释，按程序上报省劳教局备案，并根据形势发展，及时修订和完善。各大队及医院可根据本预案，结合实际，制定相应的应急预案，并报所管理科备案。

（六）本预案自公布之日起实施。以前印发的各类预案同时废止。

附件四：

重（特）大生产安全事故应急处置预案

一、编制目的和依据

加强对安全生产事故的应急处置，提高应急救援的快速反应和协调能力，最大限度地减少人员伤亡和财产损失，确保民警职工、劳教人员和其他管理对象的生命安全和劳教场所的安全稳定，依据《中华人民共和国安全生产法》、《国务院关于进一步加强安全生产工作的决定》、《国家安全生产事故灾难应急预案》、司法部《劳教系统突发事件应急预案》和《浙江省劳教系统安全生产事故应急预案》等规定，制定本预案。

二、适用范围

本预案适用于本所范围内各类生产安全事故的应急处置。

三、工作原则

（一）以人为本，安全第一。把保障民警职工和一切管理对象的生命安全和身体健康、最大程度地预防和减少安全生产事故造成的人员伤亡作为首要任务。加强应急救援人员的安全防护，充分发挥主观能动性和应急救援组织的骨干作用、民警职工的基础作用。

（二）统一领导，分级负责。在所安委会的统一组织协调下，各应急救援组按照各自的职责权限，负责有关安全生产事故的应急处置工作。

（三）预防为主，平战结合。贯彻落实"安全第一，预防为主"的方针，坚持事故应急与预防相结合。做好预防、预测、预警和预报工作，做好常态下的风险评估、物资储备、队伍建设、装备完善、预案演练工作。

四、应急组织体系及职责

（一）重（特）大生产安全事故应急组织由应急指挥部（应急指挥部代为行使所安全委职权）及其办公室、现场抢救组、警戒维护组、医疗救护组、后勤保障组、事故调查组组成。

（二）重（特）大生产安全事故应急指挥部由所长任总指挥，分管所领导任副总指挥。应急办公室由政治处、企管办组成，政治处主任任办公室主任。

应急指挥部及其办公室职责见《劳教所突发事件应急处置预案》。

（三）现场抢救组由企业管理办公室、事故单位安全员及本所义务消防队员组成，由企业管理办公室主任任组长。

现场抢救组职责：负责组织召集抢险救援人员，实施现场抢救方案，抢救伤员和财产，防止事故扩大，及时向上级指挥中心报告抢险进展情况。

（四）警戒护卫组由护卫大队及事故单位民警组成，警戒护卫大队大队长任组长。

警戒维护组职责是负责事故现场保护、人员疏散、警戒和维护现场秩序。

（五）医疗救护组由医院专业人员组成，医院院长任组长。

医疗救护组职责：开设现场救护所，对受伤人员进行现场急救，将经过初步处理的受伤人员送医院抢救，保证药品救护器材的供应。

（六）后勤保障组由行政装备科、车队、财务科、生活卫生科有关人员组成，行政装备科科长任组长。

后勤保障组职责：负责将抢险所需的装备（灭火器、消防水带等）、车辆和抢险作业人员快速运送到事故现场，协助做好伤员救护工作。

（七）事故调查组由政治处、企业管理办公室、管理科、监察室、法制科等部门负责人组成，或根据需要由本所安委会成员组成，分管所领导任组长。

事故调查组职责：负责事故情况的调查、事故原因的分析、事故定性、事故处理建议工作、事后评估及制定由非常状态转入正常状态的措施。

五、预警机制

（一）事故监控与信息报告。各单位应加强对重大危险源的监控，对可能引发的重大安全事故的险情，或其他可能引发事故的重要信息应及时上报。发生安全生产事故后，事故现场有关人员应当立即向大队或企管办报告；大队或企管办接到报告后，应迅速核实情况，向所长或值班领导报告；所长或值班所领导接到报告后，视情启动应急预案，同时向上级部门报告；启动安全生产事故应急救援预案后，所应急救援机构应当及时进行情况分析处理，积极实施应急救援行动。在安全生产事故应急救援工作开始后，发生安全生产事故的单位应及时向所安委会提供事故和救援情况有关资料，包括事故前检查的相关资料。

（二）预警行动。各单位在获得可能导致安全生产事故的信息后，应在第一时间内向所在大队、部门领导报告；大队、部门领导应迅速赶赴现场，作出紧急处置，直至消除隐患。

六、处置方法

（一）事故报告。发生生产安全事故，事故单位应立即向大队和归口部门报告；有关部门接报后，应迅速核实情况，并立即向值班所领导和主管生产安全的所领导报告。

（二）紧急救援。确认发生生产安全事故后，应急救援指挥部及各应急救援小组立即进入应急救援状态，指挥部成员要以最快的速度奔赴事故现场，组织应急救援小组成员展开抢险救灾工作。

（三）依序替补。应急救援指挥部及各应急救援小组主要负责人因故缺位时，以 AB 岗负责制的原则按序替补到位，防止出现指挥中断、秩序混乱的现象。

（四）紧急措施。根据事态发展情况，出现急剧恶化、特殊险情时，应急救援指挥部在充分考虑有关方面意见的基础上，可依法及时采取紧急处置措施。

（五）应急结束。当遇险人员全部得救，事故现场得以控制，导致次生、衍生事故隐患消除后，经应急救援指挥部确认后批准，现场应急处置工作结束，应急救援队伍撤离现场，由总指挥宣布应急结束。

（六）后期处置。①做好上情下达、下情上报工作，迅速将事故灾情、抢险救治、事故控制及善后处理等情况按分类管理程序向上级部门上报，并根据上级领导的指示，逐级传达到基层干部和参与事故处理的人员。②根据事故救援预案，尽快消除影响，妥善安置和慰问受害及受影响人员，保证场所安全稳定，尽快恢复正常秩序。③安全生产事故发生后，及时开展受灾人员的救治和理赔工作。④指挥部组织事故调查组，抓紧时间做好事故现场勘查和调查取证工作，调查清楚安全生产事故原因，总结经验教训，提出改进建议，落实防范措施。

七、保障措施

（一）针对不同事故的特点和应急需要，应确保各救援应急小组人员数量充足、技术业务熟练、救援装备齐全。

（二）宣传、培训和演习。充分利用各种宣传工具大力宣传应急法律法规和事故预防、避险、避灾、自救、互救常识，提高全体民警职工和劳教人员的应急知识和危机意识；加强对应急管理机构以及救援队伍相关人员的业务培训，提高其业务水平；每年至少组织一次安全生产事故预案演习，并及时进行总结。

（三）自觉接受省劳教局安全委会办公室对安全生产事故应急预案实施全过程的监督检查。

附件五：

重（特）大火灾事故应急处置预案

一、编制目的

防范发生火灾事故，减少火灾事故规模，在事故发生时有针对性采取处置措施，最大限度地减少事故造成的人员伤亡和财产损失。

二、适用范围

本预案适用于本所范围内各类火灾事故的应急处置。

三、应急组织体系及职责

（一）重（特）大火灾事故应急组织由应急指挥部（应急指挥部代为行使所安全委职权）及其办公室、现场抢救组、警戒护卫组、医疗救护组、后勤保障组、事故调查组组成。

（二）重（特）大火灾事故应急指挥部由所长任总指挥，分管所领导任副总指挥。应急办公室由政治处、企管办组成，政治处主任任办公室主任。

应急指挥部及其办公室职责见《劳教所突发事件应急处置预案》。

（三）现场抢救组由企业管理办公室、事故单位安全员、全所应急小组及本所义务消防队员组成，企业管理办公室主任任组长。

现场抢救组职责：组织召集抢险救援人员，实施现场抢救方案，抢救伤员和财产，防止事故扩大，及时向上级指挥中心报告抢险进展情况。

（四）警戒护卫组由护卫队及事故单位民警组成，警戒护卫大队大队长任组长。

警戒护卫组职责：负责事故现场保护、人员疏散、警戒和维护现场秩序。

（五）医疗救护组由医院专业人员组成，医院院长任组长。

医疗救护组职责：视情开设现场救护所，对受伤人员进行现场急救，将经过初步处理的受伤人员送医院抢救，保证药品救护器材的供应。

（六）后勤保障组由行政装备科、财务科、生活卫生科有关人员组成，行政装备科科长任组长。

后勤保障组职责：负责将抢险所需的装备（灭火器、消防水带等）、车辆和抢险作业人员快速运送到事故现场，协助做好伤员救护工作。

（七）事故调查组由政治处、企业管理办公室、管理科、监察室、法制科等部门负责人组成，或根据需要由安委会成员组成，分管所领导任组长。

事故调查组职责：进行事故情况的调查、事故原因的分析、事故定性、事故处理建议工作、事后评估及制定由非常状态转入正常状态的措施。

四、火灾事故的预防

（一）制定消防安全制度、消防安全操作规程。

（二）落实生产安全责任制，确定本单位和所属各部门、岗位的消防安全责任人。

（三）针对本单位的特点对民警职工、劳务派遣工和劳教人员等管理对象进行消防宣传教育，以及操作规程、安全知识的教育培训。

（四）按照国家有关规定配置消防设施和器材、设置消防安全标志，并定期组织检验、维修，明确责任，做好记录，确保消防设施、器材完好、有效。

（五）定期和不定期进行现场安全检查，及时消除安全隐患。

（六）确保疏散通道、安全出口的畅通，并设置符合国家规定的消防安全疏散标志。

五、火灾事故的应急响应

（一）当生产现场等地点发生可燃物起火时，事发地点管理民警或事故发现人员，应立即组织现场人员充分利用消防设施（灭火器、水、泥沙等）进行灭火自救。如不能及时控制火势，在第一时间报火警"119"，并向火灾事故应急指挥部汇报，同时切断电源和组织人员疏散。

（二）火灾事故应急指挥部接到汇报后，迅速启动预案，通知应急小组按职责分工赶赴现场，并到事发现场进行有效指挥，召集发案单位进行自救，及时派人到十字路口接应消防车。

（三）组织疏散。包括以下内容：

1. 人员疏散。火灾时，首先要做好人员疏散，对在场人员有被烟气中毒、窒息以及被辐射、热气流烧伤危险的，要做好以下工作：一是管理民警应稳定情绪，采取最佳疏散方法路线，指挥人员有序疏散，通过安全通道，逃离火灾现场。劳教人员撤到安全警戒线外集合，清点人数，及时掌握劳教人员动态，防止逃跑及骚乱等事故的发生。如有伤者要及时治疗、护理，随时向大队领导汇报情况。二是着火时，能见度差，要鱼贯撤离，即在熟悉疏散通道人员带领下，有序地撤离起火点。如烟雾较浓，要做到以低姿撤离或匍匐穿过浓烟区的方法。如有条件，可用湿毛巾，面罩堵住嘴、鼻或用短呼吸法。三是火灾时，当人身上着火时：①应尽快把衣帽脱掉，如来不及，可把衣服撕碎扔掉，切记不能奔跑，避免火越烧越旺，把火种带到其他场所，引起新的火种；②身上着火时，应就地倒下打滚，把身上的火焰压灭，在场的其他人员可用湿麻袋或毯子压灭火焰。

2. 物质疏散。在保证人身安全的前提下，为减少损失，防止火势蔓延和扩大，应尽可能地疏散下列可燃物质：①有爆炸危险的物质，如配件库中的机油、润滑油及枪水；②原材料、半成品、包装物等。

3. 各应急小组接到命令后，应在最短时间内赶赴事故现场，按各自的职责分工，实施共同救援。

4. 各小组组长需及时向指挥部汇报救援情况，执行指挥部的指示。

5. 事故现场救援工作结束后，指挥部结束应急响应。各应急小组接到指挥部的命令后方可撤离现场。

6. 未经专业技术人员作出安全评估，任何人不得随意进入事故现场，以防止事故的二次发生。

六、事故调查处理及情况通报

火灾事故发生后，要按照"四不放过"原则进行调查处理，并按照所生产安全事故应急救援预案规定进行情况通报。

七、每年安全生产月举行一次全所性的消防演习

八、注意事项

拨打火警"119"，向公安消防大队报警时应讲清以下内容：发生火灾单位的详细地址；起火物（原因）；火势情况；报警人姓名及所用电话号码，并派人到路口接应消防车。

附件六：

劳教所锅炉爆炸事故应急处置预案

一、编制目的

防范发生锅炉爆炸事故，降低事故规模，在事故发生时有针对性地采取处置措施，最大限度地减少事故人员伤亡和财产损失。

二、锅炉爆炸事故应急救援的范围

本预案适用于本所范围内燃煤锅炉发生爆炸事故的应急处置。

三、应急组织体系及职责

（一）锅炉爆炸事故应急组织由应急指挥部（应急指挥部代为行使所安委会职权）及其办公室、现场抢救组、警戒护卫组、医疗救护组、后勤保障组、事故调查组组成。

（二）锅炉爆炸事故应急指挥部由所长任总指挥，分管所领导任副总指挥。应急办公室由政治处、企管办组成，政治处主任任办公室主任。

应急指挥部及其办公室职责见《劳教所突发事件应急处置预案》。

（三）现场抢救组由企业管理办公室、事故单位安全员、全所应急小组及本所义务消防队员组成，企业管理办公室主任任组长。

现场抢救组职责：负责组织召集抢险救援人员，实施现场抢救方案，抢救伤员和财产，防止事故扩大，及时向上级指挥中心报告抢险进展情况。

（四）警戒护卫组由所护卫队及事故单位民警组成，警戒护卫大队大队长任组长。

警戒护卫组职责：负责事故现场保护、人员疏散、警戒和维护现场秩序。

（五）医疗救护组由医院专业人员组成，医院院长任组长。

医疗救护组职责：视情开设现场救护所，对受伤人员进行现场急救，将经过初步处理的受伤人员送医院抢救，保证药品救护器材的供应。

（六）后勤保障组由行政装备科、车队、财务科、生活卫生科有关人员组成，行政装备科科长任组长。

后勤保障组职责：负责将抢险所需的装备（灭火器、消防水带等）、车辆和抢险作业人员快速运送到事故现场，协助做好伤员救护工作。

（七）事故调查组由政治处、企业管理办公室、管理科、监察室、法制科等部门负责人组成，或根据需要由安委会成员组成，分管所领导任组长。

事故调查组职责：负责事故情况的调查、事故原因的分析、事故定性、事故处理建议工作、事后评估及制定由非常状态转入正常状态的措施。

四、锅炉爆炸事故的预防

（一）按照国家压力容器的有关规定，每年一次定期进行监测。

（二）安全阀、压力表定期送专业部门鉴定。

（三）司炉人员必须进行按期培训，持证上岗。

（四）经常性地对司炉人员进行安全教育。

（五）司炉人员必须严格遵守锅炉操作规定和交接班要求。

（六）司炉人员在操作过程中，发现安全隐患，须及时报告。

（七）对存在的安全隐患及时进行修理，以确保运行正常。

（八）锅炉的保养、维修必须由有资质的单位来实施。

（九）涉及压力部位的维修，必须经专业部门鉴定后方可投入生产。

（十）无关人员不得进入锅炉生产场所。

五、锅炉爆炸事故的应急响应

（一）司炉工在操作中发现锅炉运行出现异常，危及安全时，需立即采取停炉措施，切断电源、打开蒸汽阀门，并立即向主管部门负责人汇报。

（二）当采取以上措施仍不能消除异常，并有可能发生更大的危险时，值班的司炉工，需再次向主管部门负责人汇报，说明情况。同时及时做好撤离工作，并通知锅炉房附近的单位，告知危险，使其能及时组织人员撤离。

（三）锅炉主管部门负责人接到汇报后，需及时赶到现场，指挥排除安全隐患。当接到第二次汇报后，需立即向应急救援指挥部汇报，同时通知锅炉房附近的单位，告知危险，及时组织人员撤离。

（四）当指挥部再次接到汇报确认锅炉发生爆炸后，应立即发布应急救援指令，迅速召集应急指挥成员，并及时掌握情况，进行指挥部署。引发火灾和房屋塌陷的，需同时启动"火灾应急救援预案"，向当地的消防大队报警。

（五）各应急小组接到命令后，应在最短的时间内赶赴事故现场，按各自的职责分工，共同救援。

（六）各小组组长需及时向指挥部汇报救援情况，执行指挥部的指示。

（七）事故现场救援工作结束后，指挥部结束应急响应。各应急小组接到指挥部的命令后方可撤离现场。

（八）未经专业技术人员作出安全评估，任何人不得随意进入事故现场，以防止事故的二次发生。

六、事故调查处理及情况通报

事故发生后，要按照"四不放过"原则进行调查处理，并按照所生产安全事故应急救援预案规定进行情况通报。

七、注意事项

由于锅炉爆炸的特殊性，有高温的蒸汽、水、燃烧的煤、爆炸飞出的杂物和引发火灾和房屋塌陷等，造成的伤害有烫伤、烧伤、压伤等，故在救援时需特别注意。

附件七：

劳教所突发自然灾害应急处置预案

一、编制目的

为了保证自然灾害应急工作迅速、有序、高效进行，全面提高应对自然灾害的综合管理水平和应急处置能力，确保地开展救灾工作，最大限度地降低或者避免自然灾害造成的人员伤亡和财产损失，保障所区安全和民警职工、劳教人员及其他管理对象的生命财产安全，制定本预案。

二、适用范围

本预案适用于本所区域内处置因暴雨、洪水、台风、干旱、风雹、雪灾、山体滑坡、泥石流、地震等异常自然现象引发的重特大自然灾害。

三、突发自然灾害应急组织体系及职责

（一）突发自然灾害应急组织由应急指挥部及其办公室、现场抢救组、警戒护卫组、医疗救护组、后勤保障组、事故调查组组成。

（二）突发自然灾害应急指挥部由所长任总指挥，分管所领导任副总指挥。应急办公室由政治处、企管办组成，政治处主任任办公室主任。

应急指挥部及其办公室职责见《劳教所突发事件应急处置预案》。

（三）现场抢救组由企业管理办公室和全所应急小组组成，企管办主任任组长。

现场抢救组职责：负责组织召集抢险救援人员，实施现场抢救方案，抢救伤员和财产，防止事故扩大，及时向指挥部报告抢险救灾进展情况。

（四）警戒护卫组由护卫队队员组成，警戒护卫大队大队长任组长。

警戒护卫组职责：负责事故现场人员疏散、警戒和维护现场秩序。

（五）医疗救护组由医院医务人员组成，医院院长任组长。

医疗救护组职责：负责开设现场救护所，对受伤人员进行现场急救，将经过初步处理的受伤人员送医院抢救，保证药品救护器材的供应。

（六）后勤保障组由行政装备科、车队、财务科、生活卫生科组成，行政装备科科长任组长。

后勤保障组职责：负责将抢险所需的装备（灭火器、消防水带等）、车辆和抢险作业人员快速运送到事故现场，负责参与人员的生活保障和受灾人员的生活保障，协助做好伤员救护工作。

（七）事故调查组由政治处、纪委、企业管理办公室、管理科、监察室、法制科等部门负责人组成或根据需要由安委会成员组成，分管所领导任组长。

事故调查组职责：负责事故情况的调查、事故原因的分析、事故定性、事故处理建议工作、事后评估及制定由非常状态转入正常状态的措施。

四、应急反应行动

（一）灾害预警。由应急救援办公室及时发出预警，预测灾害将对特定区域内的群众生命财产造成较大威胁或损失。

（二）启动应急预案决策

1. 突发自然灾害应急救援指挥部接到灾情报告后，及时召集关人员初步研究判断灾害等级。属重特大灾害的，及时向上级部门汇报，并工作开始启动重特大灾自然灾害救援预案。

2. 突发自然灾害应急救援指挥部指挥救灾工作，必要时，商请驻监武警部队给予支援。

（三）紧急救援行动

1. 各应急小组接到命令后，应在最短的时间内赶赴事故现场，按各自的职责分工，共同救援。

2. 救援工作以最大限度地降低灾害造成的损失为原则，各小组组长需及时向指挥部汇报救援情况，执行指挥部的指示。

3. 事故现场救援工作结束后，指挥部方可结束应急响应。各应急小组接到指挥部的命令后方可撤离现场。

（四）有关事务处理

1. 后勤保障组事后负责调查核实灾民受灾情况，按损失大小、困难程度、救助情况分门别类、登记造册，逐级上报。

2. 医疗救护组要做好灾区卫生防疫工作，防止疫情发生。

五、事故调查处理及情况通报

事故发生后，要按照"四不放过"原则进行调查处理，并按照所突发自然灾害应急救援预案规定进行情况通报。

六、应急救灾经费和物资保障

（一）把救灾工作纳入年度计划。根据上年度自然灾害救助情况、本年度的灾害预测，做好年度预算，合理安排地方自然灾害救济事业费，落实应急资金，并保证足额到位。

（二）抗灾救灾经费和物资必须按规定专款专用、专物专用，财务、审计、监察等部门要加强对抗灾救灾经费及物资的监督管理。

第十章　劳教人员习艺劳动现场管理实训

一、项目目标

使学生了解、熟悉劳动教养习艺劳动现场管理的基本内容、工作流程和处置程序；能运用课堂教学的理论和基础知识，学会出工、收工带队，习艺劳动的组织，习艺劳动竞赛的开展及习艺劳动现场事务的处置。

二、项目流程

（一）带队出工

（二）习艺劳动的组织

（三）习艺劳动竞赛的开展

（四）原材料及产品的放置

（五）带队收工

三、课时安排

共计6课时，具体分配见下表：

序　号	项　目	课　时
1	带队出工	1
2	习艺劳动的组织	2
3	习艺劳动竞赛的开展	1
4	原材料及产品的放置	1
5	带队收工	1

四、实训准备

（一）背景设置

200×年×月×日，×中队接到 10 万只档案袋制作任务，要求在 1 周内完工。

×中队在队劳动教养人员 120 名，其中岗位监督及勤杂人员 8 人。

（二）教学素材准备

1. 带队出工素材准备。
（1）带队出工的要领与要求；
（2）带队出工时，各种情况的处置。
2. 习艺劳动组织素材准备。
（1）习艺劳动产品制作标准；
（2）习艺劳动岗位的安置与职责。
3. 开展习艺劳动竞赛素材准备。
（1）开展习艺劳动竞赛的规则；
（2）开展习艺劳动竞赛的奖惩规定。
4. 原材料及产品放置素材准备。
（1）原材料放置标准；
（2）产品放置标准。
5. 带队收工素材准备。
（1）带队收工的要领与要求；
（2）带队收工的程序与标准；
（3）带队收工时，各种情况的处置。

（三）教学用品准备

1. 待制作的档案袋原材料；
2. 制作档案袋的工具及辅助材料（包括锤子、冲子、线、胶水等）；
3. 模拟劳动教养人员的服装。

（四）教学场地准备

模拟习艺劳动车间 1 间，内设桌子、凳子若干。

（五）指导教师授课教案或各环节操作要领准备

五、考核方法与成绩评定

（一）考核方法

1. 教师和学生自评、互评相结合，各占 50%；

2. 每实训完成一个项目，以小组为单位，采用无记名方式进行打分，去掉最高分和最低分，以平均分为该项目的学生自评分和互评分；

3. 教师分和学生自评互评分相加即为该项目的分值。

（二）项目分值

总分为 50 分。具体如下表：

序 号	项 目	分 值
1	带队出工	10
2	习艺劳动的组织	10
3	习艺劳动竞赛的开展	10
4	原材料及产品的放置	10
5	带队收工	10
6	合 计	50

（三）每个项目考核要点

1. 角色扮演真实 2 分；

2. 熟悉工作流程 2 分；

3. 情况处置得当 2 分；

4. 程序操作规范 2 分；

5. 参与积极主动 2 分。

（四）等级评定

1. 总分 45～50 分为优秀；
2. 总分 38～44 分为良好；
3. 总分 31～37 分为中等；
4. 总分 26～30 分为及格；
5. 总分 25 分以下为不及格。

六、实训方法和流程

（一）带队出工

1. 实训方法。

（1）教师讲解整队、带队的要领与流程；

（2）学生分成若干小组，1 人模拟带班民警，其余模拟劳动养教人员，轮换反复练习点名、整队与带队；

（3）练习整队、带队中各种问题的处置；

（4）全班集中，检验整队、带队效果。

2. 实训流程。

（1）整队。带队民警下达口令，"到××处集合"。劳动教养人员迅速按平时规定的队形，固定的位置集合。然后，带队民警按"立正、向右看齐、向前看、报数"的顺序进行操作。

（2）点名。带队民警下达口令，"开始点名"。劳动教养人员自动立正。民警站立劳动教养人员正面中间，逐一点名。点到名的劳动教养人员，应当立正，同时叫"到"。一般依据花名册从头至尾按顺序进行。点名结束后，逐一检查着装、胸牌。

（3）带队。带队民警下达口令，"向右转、齐步走"。劳动教养人员列队前进。一般情况下，劳动教养人员列队在右侧，带队民警在左侧，10 人以上劳动教养人员行进，需 2 名以上民警带队。劳动教养人员行进，要求精神饱满，步伐整齐。带队民警应把劳动教养人员直接带至车间。

3．情况处置。带队民警会正确处置以下情况：

（1）未按时集合；

（2）未按规定着装或戴胸牌；

（3）列队行进时发生争吵或打架；

（4）列队行进时要求回宿舍换鞋子等。

4．项目要求与考核分值。

（1）项目要求：①按规定着装，警容严整；②口令洪亮，精神饱满，指挥正确；③程序规范；④情况处置得当。

（2）考核分值。总分为10分。具体如下表：

序　号	项　目	分　值
1	按规定着装，警容严整	2
2	口令洪亮，精神饱满，指挥正确	2
3	程序规范	4
4	情况处置得当	2
5	合　计	10

（二）习艺劳动的组织

1．实训方法。

（1）教师讲解习艺劳动的组织方法与流程；

（2）学生分成若干小组，1人模拟带班民警，其余模拟劳动养教人员，轮流练习习艺劳动的组织；

（3）练习习艺劳动组织中各种问题的处置；

（4）全班集中，检验习艺劳动的组织效果。

2．实训流程。

（1）布置任务。带班民警在车间向列队的劳动教养人员布置习艺劳动任务。讲清本次习艺劳动内容，习艺劳动方法，习艺劳动的操作规程，每个劳动教养人员应该完成的习艺劳动定额以及习艺劳动的奖惩措施等。

（2）安排岗位。带班民警根据习艺劳动内容和劳动教养人员的具体情况有序安排习艺劳动岗位。再根据岗位确定班组，明确职责，责任到人。

因本次习艺劳动项目为制作档案袋，可以 3 名劳动教养人员为一小组，进行流水作业或原生产小组为单位，每名劳动教养人员自行独立完成。

（3）领发原材料与习艺劳动工具。带班民警发出"各组组长领取原材料和习艺劳动工具"的指令。

劳动教养人员各组组长迅速到指定点领取原材料和习艺劳动工具，并迅速将领取的原材料和习艺劳动工具分发给每个劳动教养人员。

（4）明确制作标准。带班民警边讲解边示范档案袋制作程序和制作要求；或者由制作比较好的劳动教养人员示范制作过程。

这样，可以让全体劳动教养人员即时学会档案袋的制作要领。

3．情况处置。带队民警会正确处置以下情况：

（1）不服从带队民警的岗位安排；

（2）多领或少领习艺劳动工具；

（3）个别劳动教养人员制作程序不规范，产品质量未达标。

4．项目要求与考核分值。

（1）项目要求：①布置任务正确、全面，层次清晰，语言规范；②岗位安排合理，组织有序；③领发原材料规范、有序；④习艺劳动产品标准明确，工艺规范；⑤情况处置得当。

（2）考核分值。总分为 10 分。具体如下表：

序　号	项　　目	分　值
1	布置任务正确全面，层次清晰，语言规范	2
2	岗位安排合理，组织有序	2
3	领发原材料规范、有序	2
4	习艺劳动产品标准明确，工艺规范	2
5	情况处置得当	2

（三）习艺劳动竞赛的开展

1．实训方法。

（1）教师讲解习艺劳动竞赛的方法与流程；

（2）学生分成若干小组，1 人模拟带班民警，其余模拟劳动养教人员，轮流练习习艺劳动竞赛的开展；

（3）练习习艺劳动竞赛中各种问题的处置；

（4）全班集中，检验习艺劳动竞赛的效果。

2．实训流程。

（1）习艺劳动竞赛的动员。为不影响正常的习艺劳动秩序，带班民警就在劳动现场进行习艺劳动竞赛的动员。动员内容包括：开展习艺劳动竞赛的目的、意义，开展习艺劳动竞赛的方法、步骤，以及开展习艺劳动竞赛的时间和奖励措施等。

（2）习艺劳动竞赛的组织。民警动员后，即调整习艺劳动岗位，或宣告按原岗位以班组为单位开展竞赛。同时宣布竞赛开始与结束时间，宣布竞赛监督检验小组名单及竞赛规则。

（3）习艺劳动竞赛的检验。监督检验小组成员对习艺劳动竞赛过程进行监督，并于竞赛结束后，对习艺劳动竞赛产品进行检验，以质优、量多、无违规小组及个人为优胜。

（4）习艺劳动竞赛的激励。习艺劳动竞赛结束后，民警即宣告转入正常的习艺劳动。同时，宣告习艺劳动优胜小组和优胜个人名单，号召全体劳动教养人员向优胜小组和优胜个人学习。从而在习艺劳动现场掀起比、学、赶、帮热潮。

3．情况处置。带队民警会正确处置以下情况：

（1）个别劳动教养人员参与意识不强，竞赛时磨洋工；

（2）少数劳动教养人员为加快速度，质量受到影响；

（3）个别劳动教养人员对优胜者不服。

4．项目要求与考核分值。

（1）项目要求：①习艺劳动竞赛的动员内容详实，层次清晰，有感染力；②习艺劳动竞赛的组织规范、有序，竞赛规则明确；③习艺劳动竞赛过程监督有力，检验公正、公平；④习艺劳动竞赛的情况处置得当；⑤习艺劳动竞赛的效果明显。

（2）考核分值。总分为10分。具体如下表：

序　号	项　目	分　值
1	动员内容详实，层次清晰，有感染力	2
2	组织规范、有序，竞赛规则明确	2
3	过程监督有力，检验公正、公平	2
4	情况处置得当	2
5	效果明显	2

（四）原材料及产品的放置

1. 实训方法。

（1）教师讲解习艺劳动中原材料及产品放置的方法与要求；

（2）学生分成若干小组，1人模拟带班民警，其余模拟劳动养教人员，轮流练习习艺劳动原材料及产品的放置；

（3）练习习艺劳动原材料及产品放置过程中各种问题的处置；

（4）全班集中，检验习艺劳动原材料及产品放置的效果。

2. 实训流程。

（1）清理习艺劳动现场。带班民警发出号令，"清理习艺劳动现场"。全体劳动教养人员立即清理掉与习艺劳动无关或暂时不用的习艺劳动工具。

（2）规范放置原材料。带班民警边讲边示范原材料的放置。全体劳动教养人员按照带班民警的要求，将原材料按使用先后顺序放置。

（3）规范放置劳动产品。带班民警边讲边示范习艺劳动产品的放置。全体劳动教养人员按照带班民警的要求，将习艺劳动产品按出厂先后顺序放置。

3. 情况处置。带队民警会正确处置以下情况：

（1）个别劳动教养人员参与意识不强，未及时清理劳动现场；

（2）少数劳动教养人员未按带班民警要求放置习艺劳动的原材料和劳动产品，致使习艺劳动效率受到影响；

（3）个别劳动教养人员故意将习艺劳动的原材料叠放在过道上，造成过道堵塞。

4. 项目要求与考核分值。

（1）项目要求：①现场指令正确、及时；②习艺劳动原材料放置现场组织规范、有序，要求明确；③习艺劳动产品放置现场组织规范、有序，要求明确；④原材料和产品放置情况处置得当；⑤习艺劳动原材料和产品放置效果明显。

（2）考核分值。总分为 10 分。具体如下表：

序　号	项　目	分　值
1	现场指令正确、及时	2
2	原材料放置规范、有序，要求明确	2
3	产品放置规范、有序，要求明确	2
4	情况处置得当	2
5	效果明显	2

（五）带队收工

1．实训方法。

（1）教师讲解带队收工的要领与流程；

（2）学生分成若干小组，1 人模拟带班民警，其余模拟劳动养教人员，轮换反复练习带队收工全过程；

（3）练习带队收工中各种问题的处置；

（4）全班集中，检验带队收工效果。

2．实训流程。

（1）收工。收工前 10 分钟，带班民警下达收工号令。劳动教养人员听到民警收工号令后，立即停止习艺劳动，关掉电源设备，清点习艺劳动产品，整理剩余的原材料。按民警指令，将习艺劳动产品和原材料堆放于指定地点。擦拭、清理机器设备，打扫现场卫生，清点、收缴习艺劳动工具。

（2）整队。带队民警下达口令，"到××处集合"。全体劳动教养人员迅速按平时规定的队形，到固定的位置集合。然后，带队民警按"立正、向右看齐、向前看、报数"的顺序进行操作。

（3）点名。带队民警下达口令，"开始点名"。劳动教养人员自动立正。民警站立劳动教养人员正面中间，逐一点名。点到名的劳动教养人员，应当立正，同时叫"到"。点过名的劳动教养人员自动稍息。一般依据花名册从头至尾按顺序进行。

（4）讲评。带队民警下达口令，"开始讲评"。劳动教养人员自动立正。民警站立劳动教养人员正面中间，进行一日工作讲评。工作讲评内容应包括一日习艺劳动基本情况，好人好事，存在的问题及改正意见等。

（5）安全检查。带队民警下达口令，"开始安全检查"。带队民警将劳动教养人员分成若干列，然后一列一列进行安全检查，对重点劳动教养人员或重点班组，可作检查重点，其余可作一般检查。劳动教养人员应自动接受带班民警的检查。

（6）带队回宿舍。带队民警下达口令，"向右转，齐步走"。劳动教养人员列队前进。劳动教养人员列队在右侧，带队民警在左侧，10人以上劳动教养人员行进，需2名以上民警带队。劳动教养人员行进，要求精神饱满，步伐整齐。带队民警应把劳动教养人员直接带回宿舍或目的地。

3．情况处置。带队民警会正确处置以下情况：

（1）个别劳动教养人员习艺劳动产品质量检验未合格；

（2）少数班组卫生未打扫，机器设备未擦拭；

（3）习艺劳动工具遗失；

（4）带回途中争吵、斗殴。

4．项目要求与考核分值。

（1）项目要求：①收工指令正确、及时，程序规范；②一日工作讲评重点突出，层次清晰，有一定的感染力；③安全检查正确、全面；④整队、带队规范，符合规定要求；⑤收工带队情况处置得当。

（2）考核分值。总分为10分。具体如下表：

序　号	项　目	分　值
1	收工指令正确、及时，程序规范	2
2	讲评重点突出，层次清晰，有感染力	2
3	安全检查正确、全面	2
4	整队、带队规范，符合规定要求	2
5	收工带队情况处置得当	2

图书在版编目（CIP）数据

劳教人员习艺劳动 / 周雨臣主编. 一北京：中国政法大学出版社，2009.8
ISBN 978-7-5620-3541-1

Ⅰ. 劳... Ⅱ. 周... Ⅲ. 劳动教养 - 工作 - 中国 Ⅳ. D926.8

中国版本图书馆CIP数据核字(2009)第142409号

出版发行	中国政法大学出版社
经　　销	全国各地新华书店
承　　印	固安华明印刷厂

787×960　　16开本　　14印张　　225千字
2009年8月第1版　　2009年8月第1次印刷
ISBN 978-7-5620-3541-1/D·3501
定　价: 20.00元

社　　址	北京市海淀区西土城路25号
电　　话	(010)58908325（发行部）　58908285（总编室）　58908334（邮购部）
通信地址	北京100088信箱8034分箱　邮政编码 100088
电子信箱	zf5620@263.net
网　　址	http://www.cuplpress.com　（网络实名：中国政法大学出版社）
声　　明	1. 版权所有，侵权必究。
	2. 如有缺页、倒装问题，由本社发行部负责退换。
本社法律顾问	北京地平线律师事务所